D1751307

Michael Stadtfeld · Heiko Hornung · Thore Wolf
Mitten im Treiben

*Meinem Vater Martin Stadtfeld und dem Schweißhundeführer
Wolfgang Schmitz gewidmet. Ihnen verdanke
ich meine bisher spannendsten Momente und besten
Fotografien auf der Jagd.*

MICHAEL STADTFELD

Michael Stadtfeld · Heiko Hornung · Thore Wolf

MITTEN IM TREIBEN

Drückjagd hautnah in packenden Bildern

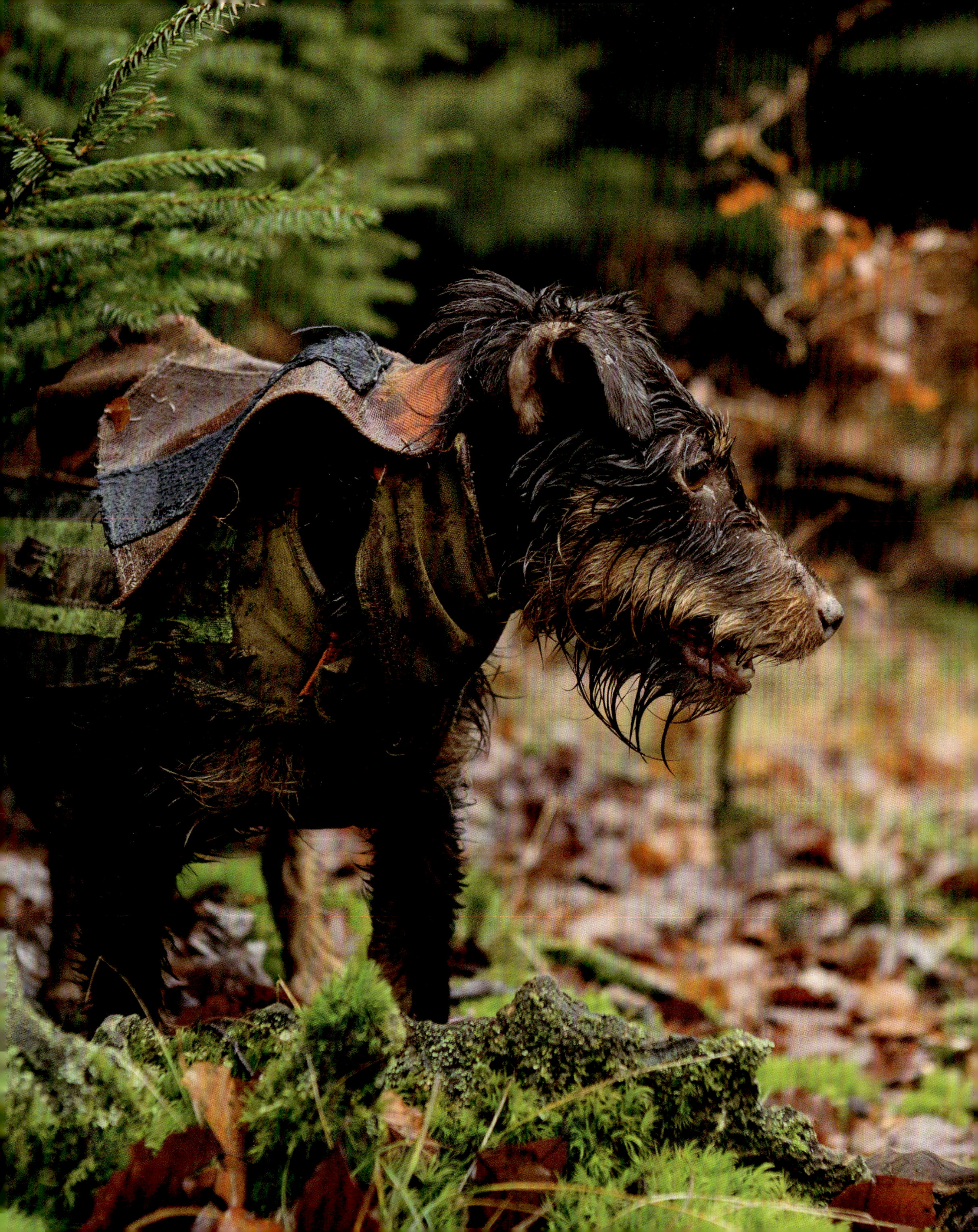

Inhalt

6 ::: Vorwort

8 ::: Der Jagdmorgen

28 ::: Auf dem Drückjagdstand

70 ::: Mitten drin

104 ::: Nach der Jagd

130 ::: Auf Nachsuche

Vorwort

»Wenn deine Bilder nicht gut genug sind, warst du nicht nah genug dran.«
ROBERT CAPA, FOTOGRAF

Mit »Mitten im Treiben« legt Michael Stadtfeld seinen ersten offiziellen Bildband vor. Ich freue mich, den interessierten Leser und Betrachter bei einer ereignisreichen Bewegungsjagd begleiten zu dürfen.

Michael Stadtfeld versetzt uns mitten in das Geschehen einer Bewegungsjagd und spannt den Bogen vom Signal »Begrüßung« über das Bergen des erlegten Wildes bis zum Fangschuss bei der erforderlichen Nachsuche. Dabei wird mehr als einmal deutlich, dass jagdliches Erleben von Zufällen, Beobachtungen, Begegnungen und günstigen Augenblicken abhängt. Deshalb kann auch das Treiben in diesem Buch nicht an einem Tag in einem Revier stattfinden. Vielmehr jagt der Autor mit seiner Kamera in herbstlich bunten und auch winterverschneiten Revieren sowohl in seiner Soonwaldheimat als auch im Herzogtum Lauenburg oder im Bundesforstamt Grafenwöhr in der Oberpfalz.

Michael Stadtfeld gelingt es, den Leser mitzunehmen in das Zentrum der Ereignisse – mitten ins Treiben eben. Wer einen Jagdtag von außen beobachtet, wird sicherlich den Rahmen erkennen, Details aber, scheinbare Nebensächlichkeiten, notwendige Ausrüstung und die Facetten des alten jagdlichen Handwerkes werden ihm verborgen bleiben. Mit seiner Kamera hat sich der Jagdfotograf immer wieder nah an Jäger, Hundeführer und Wild herangewagt und das Geschehen unmittelbar dokumentiert. Durch diese unmittelbare Nähe haben Stadtfelds Bilder eine viel stärkere Wirkung als Fotografien, die mit einem Teleobjektiv auf weite Entfernung aufgenommen werden.

Michael Stadtfelds Bilder leben. Sie sprechen an, sie berühren und bedürfen nicht der Interpretation, denn jedes Foto offenbart beim Anschauen seine Seele. Der Fotograf versteht die Kunst, sein Motiv aus der plakativen ersten Bildebene in die Tiefe, die »Seele« des Bildes zu entwickeln. Das ist bei ihm aber nicht ein zufälliges Ergebnis, sondern immer das spontane, aber präzise Erkennen und fotografische Umsetzen von ungewöhnlicher Emotion. Man spürt förmlich die

Vorfreude der am Sammelplatz angetretenen Jagdkorona, den Ernst und die Verantwortung des Jagdleiters bei seiner Ansprache und die Spannung beim Angehen des Treibens und der Einweisung auf dem Stand.

Lassen Sie sich faszinieren von der Passion der Hundeführer, die ihre vierläufigen Jagdhelfer für den Einsatz vorbereiten und ausrüsten, und von dem Willen nach reicher Beute in den Augen der Führer und ihrer Wachtel, Terrier und Teckel. Sehen Sie sich die strahlenden Gesichter der Jäger an der Strecke an, den stolzen Augenaufschlag bei der Entgegennahme des Erlegerbruches und den entspannten Jagdleiter, der den Tag zum Erfolg geführt hat.

Am Hang über einer Ortschaft steht der Hundeführer und ortet mit seinem GPS-Gerät seine Meutehunde – seine Gedanken und seine Sorgen kann der Betrachter aus dem Bild herauslesen. Welche Professionalität und Anspannung zeigt uns die Fotosequenz mit dem Schweißhundeführer, der dem annehmenden Keiler den Fangschuss anträgt, und welches Vertrauen des Fotografen in die Nachsuchen-Erfahrung des neben ihm agierenden Rüdemanns! Und dann der letzte Blick auf die beiden schlafenden Deutschen Wachtelhunde vor dem Ofen im Forsthaus – die Jagd ist vorbei, alle Anstrengung vergessen, es war ein erfolgreicher Jagdtag, förmlich hört man den leichten Hetzlaut im Traum der Hunde.

Harmonisch ergänzt und bereichert werden die Fotos durch ebenso spannungsgeladene wie hintergründige Texte und Bildunterschriften von Heiko Hornung und Thore Wolf, die uns allen seit Jahren durch ihre Arbeit bei der WILD UND HUND bekannt sind.

Ich beglückwünsche Michael Stadtfeld, Heiko Hornung und Thore Wolf zu ihrem gelungenen und sehr sehenswerten Bildband »Mitten im Treiben«. Tauchen Sie mit ihnen ein in die Ereignisse einer Bewegungsjagd, genießen Sie die wunderschönen, perfekten Aufnahmen und die Texte, die die drei für Sie zusammengestellt haben.

JÜRGEN SCHLÜTER
FORSTDIREKTOR, 1. VORSITZENDER
VEREIN HIRSCHMANN E.V.

Kapitel 1

Der Jagdmorgen

Vorfreude

Er war zunächst nur eine Zahl, ein Datum. Irgendwann im Kalender angestrichen, bis die Zeit die Tage dahin verschlungen hatte, und den Jäger die Unruhe ergriff, so als könne auch dieser Tag vorbeirauschen, wie all die anderen vor ihm, ohne dass er genossen wurde.

Der Vorabend und auch der Morgen vor einer Jagd haben eine eigene Stimmung. Heinrich von Gagern beschrieb sie mit Advent und ist damit dem, was sich wie das kindliche Erwarten des Heiligen Abend anfühlt, schon sehr nahe gekommen.

Sorgsam werden die Kleidung zurecht gelegt, die Stiefel gewienert, Waffe und Munition sortiert, das Jagdhorn hervorgeholt, die Hundedecke verstaut, eine Brotzeit für Hund und Herrn gepackt, etwas Nasch- und Rauchzeug dazwischen gesteckt. Die Jagdpapiere und der Hut kommen auf den Rucksack.

Auch der Hund ist längst von der Vorfreude angesteckt. Schnüffelt an dem Zauberzeug, folgt auf Schritt und Tritt vom Jagdzimmer in der Keller und wieder hinauf. Irgendwann sitzt er neben der ganzen Ausrüstung, fixiert einen mit seinen bernsteinfarbenen Sehern, spielt mit den Augenbrauen und wedelt heftig mit der Rute, als könne er damit seinen Anspruch untermauern, auf gar keinen Fall vergessen zu werden.

Erinnerungen an vorangegangene Jagden und eine freudige Unruhe lassen nur schwer Schlaf finden und oft gehen schon die Augen auf, ohne dass der Radaubruder auf dem Nachttisch sein Popgeplärre in den Morgen gebrüllt hat.

Manchmal fürchte ich mich davor, dass diese Vorfreude eines Tages einfach verschwunden sein könnte. So wie der Glaube an den Osterhasen und an den Nikolaus irgendwann einfach aufgehört hat, als man alt genug war und die Geheimniskrämerei der Erwachsenen und ihr Getue durchschaut hatte. Aber selbst damals sträubte sich das junge Herz gegen die unvermeidbar Erkenntnis, dass die beiden Freudegaranten nicht existierten. Ich war mit demselben Feuereifer sowohl bei der Ostereiersuche und dem Nikolausabend dabei, auch wenn ich längst wusste, dass in dem Bischofskostüm Onkel Reinhold steckte, weil ich das verklärte Gesicht meiner Mutter und die Begeisterung meines Vaters liebte.

Der Philosoph Josef Pieper hat einmal geschrieben: »Glücklich ist, wer sieht, was er liebt. Es ist allein die Gegenwart des Geliebten, die glücklich macht.« Die »Gegenwart des Geliebten« ist das »Erlebnis der Geliebten«, kommentiert Bernd Balke in seinem vortrefflichen Gedanken über das Glück. Dieses ist unter anderem in der sinnlichen Wahrnehmung zu finden. Und was ist der Jagdtag, als ein Festtag mit seinen Ritualen, seinen Bildern und Erlebnissen: wenn sich morgens hochgemut die alten Bekannten treffen. Die Hunde erwartungsvoll und leise quiemend aus dem Innern der Wagen blicken. Der Moment, in dem die Hunde anschlagen, Wild sich nähert, der Puls in die Höhe jagt, ... das alles nährt nicht nur die Erinnerung. Es ist wie Balke sagt: Schauen, Erkennen, Fühlen, Begreifen, Erleben – pures Glück.

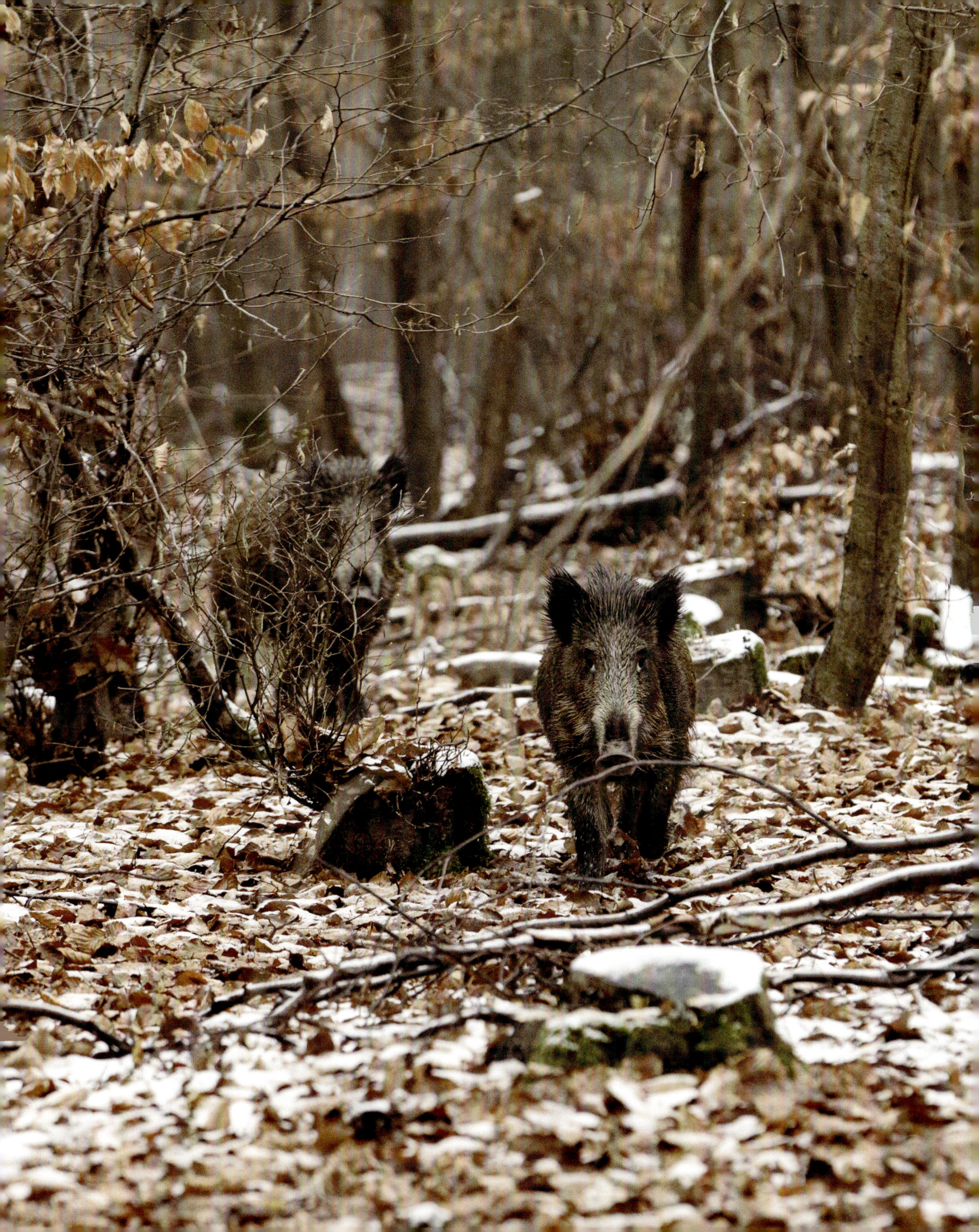

O – Wiedersehen nach einem Jahr – von nah und fern treffen sich die Jäger zur Drückjagd. Erlebnisse und Neuigkeiten werden ausgetauscht.

U – Stolzer Blick eines kleinen Draufgängers – der kleine Rauhaarteckel kann seinen Einsatz kaum abwarten. Bereits beim Packen des Jagdzeugs ist er seinem Herrn nicht mehr von der Seite gewichen.

Vorige Seite – Sauen! Ein Anblick, von dem jeder Jäger auf einer Drückjagd träumt.

Bunt sind schon die Wälder: Für einen passionierten Jäger gibt es wohl kaum eine schönere Zeit im Jahr als den Herbst.

O — Eine gute Ausrüstung ist alles. Gleich geht's los.

U — Auf Schönheit kommt es nicht an: Blick ins Wageninnere eines Hundeführers

O — Letzte Besprechung vor dem Treiben. Die Hundeführer studieren noch einmal das Kartenmaterial des Jagdrevieres.

U — Der Jagdleiter weist Schützen, Hundeführer und Treiber ein.

Am Feuer

Der große Brandfleck auf dem Rasen hatte keine Zeit, um mit Gras zu überwachsen, so schnell war das Jahr vergangen. Heute Morgen ziert den Rand einiger verkohlter Holzstückchen auf der alten Feuerstelle der weiße Stern des nächtlichen Reifes.

Heute Abend wird hier heroben auf dem alten Berg unter den mächtigen Kronen von Buchen und knorrigen Eichen emsiges Treiben herrschen und auf demselben Fleck wie schon im Vorjahr ein Feuer brennen. Bis in die Dämmerung werden Fahrzeuge kommen. Sie bringen Beute, die im Schein von Taschenlampen noch eilig gelüftet und anschließend auf das Reisig zwischen die Feuer gebettet wird. Dampf wird aus den Körperhöhlen steigen und in der Abendluft vergehen, wie ein letzter Atem im Diesseits.

Als Silhouetten werden Männer in der Lichtung stehen, in kleinen Gruppen beieinander. In das Murmeln ihrer Gespräche mischt sich das Rauschen der Baumwipfel, faucht das Feuer, in das der Wind hineinfährt und die Flammen wie rote Wimpel zuckend flattern lässt. Das eine oder andere »Waidmannsheil« fliegt hinüber und herüber. Schützen knien bei erlegten Stücken, erzählen, schätzen, bewerten. Manch einer steht nur still und hängt seinen Gedanken nach und den Bildern, mit denen der Tag das Gedächtnis fütterte und die sorgsam im Herzen verschlossen werden wollen. Wissend, dass sie den einzigen Schatz bilden, dessen Wert keine Bank und keine Inflation dieser Welt nehmen können.

Nichts wird die Männer von denen unterscheiden, die schon vor Hunderten und Tausenden von Jahren im Widerschein des Feuers sich am Ende eines Jagdtages hier oben wiederfanden, aßen, tranken, Erlebtes schilderten, ohne dabei von Kultur zu sprechen.

Die Flammen erinnern stets daran, dass hier alles seinen Ausgang nahm.

Das Feuer, nicht nur ein Hort von Wärme und Geborgenheit, nicht nur ein Symbol von Leben und Überleben, sondern auch von Verzehren und Vergehen. In den Flammen liegt die Erkenntnis des Prometheus, der den Menschen das Feuer brachte und mit ihm das Verstehen. Im Schein des Feuers, im Ruf des Hornes und seinem Halali, das in den Nachthimmel klingt, ist dem Jäger im Jubel klar, dass er jenen, die er selbst gefällt hat, in die Jagdgründe folgen wird, in denen alles Beseelte vereint ist und sich der Kreis aus Leben und Tod schließt.

Eine Autohupe reißt den Gedankenfaden ab. Es geht zu den Ständen. Heute Abend sehen wir uns im Schein des Feuers wieder.

O — Wenn der Fürstengruß erklingt, sind alle versammelt und für die Ansprache des Jagdleiters bereit.

U — Auch die Hundemannschaft ist bereits in heller Vorfreude.

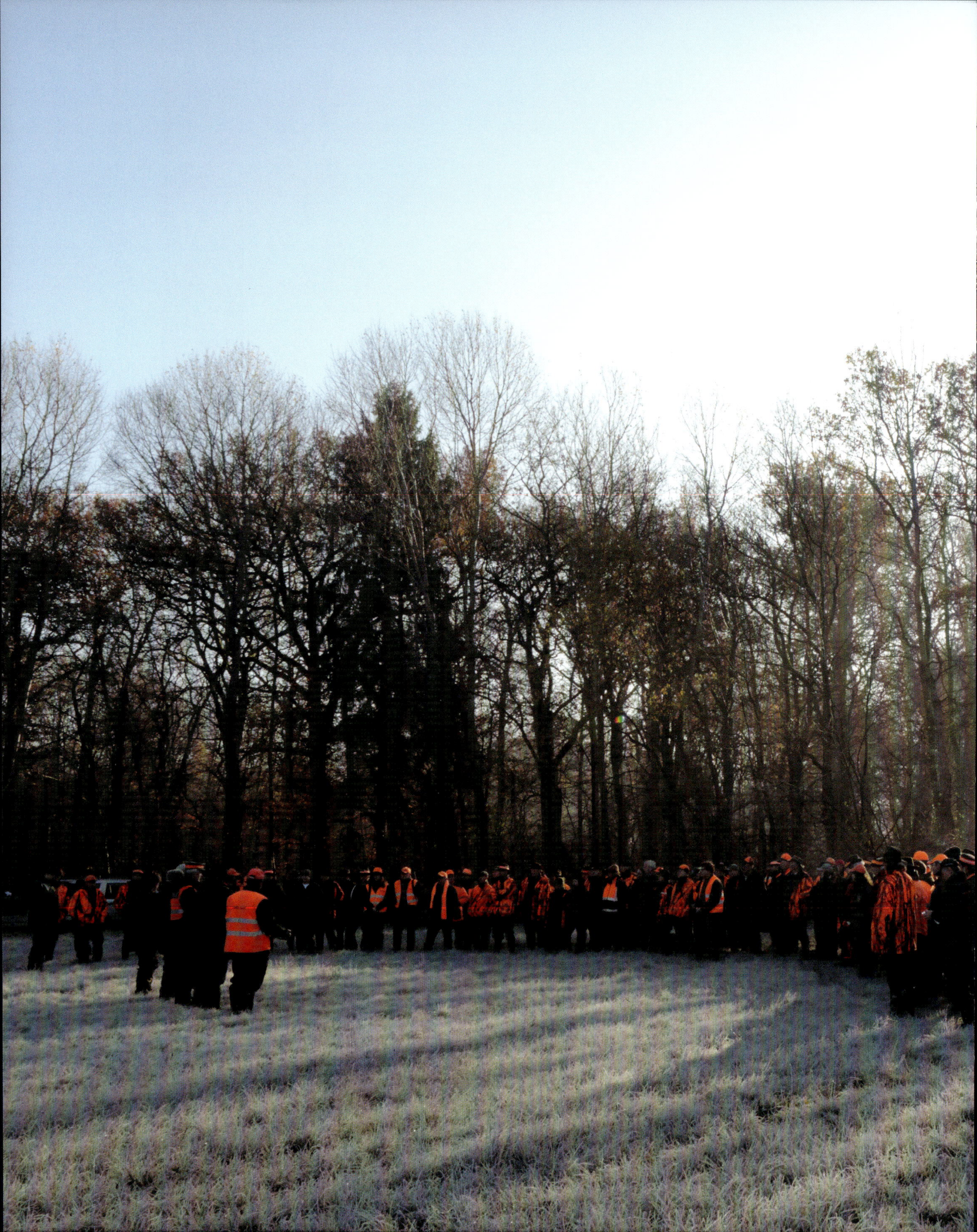

Der Sammelplatz: Wo am Morgen die Wintersonne im Raureif glitzert, wird am Abend die Jagdstrecke im Feuerschein liegen.

Der Schweißhund darf heute seinen Herrn auf den Stand begleiten. Zum Einsatz kommt der Nachsuchenspezialist erst nach der Jagd.

O — Sicherheit ist oberstes Gebot! Eindringlich ermahnt der Jagdherr die Schützen zur Vorsicht.

U — Aufgepasst, damit nachher jeder seinen Gruppenführer findet und keine unnötigen Verzögerungen entstehen!

Haudegen und Raubautze

Die Hunde sind kaum zu bändigen. Zu groß ist ihre Vorfreude, zu überwältigend die Passion. Sie hängen in der Halsung, können ihren Einsatz nicht erwarten. Manch einem stehen die wildesten Geschichten ins Gesicht geschrieben. Die Narben eines Terriers zeugen von zahlreichen Jagden, von kleineren und größeren Scharmützeln mit wehrhaftem Schwarzwild. Ein Dachs im Bau hat den Haudegen einst eine Lefze gekostet. Den Terrier schert das nicht. Während die schwarzroten Raubautze an der Koppel ihres Führers zerren, steht ein junger Wachtelhund ruhig und besonnen zu den Füßen des Rüdemanns. Er hat erst einige Bewegungsjagden hinter sich, noch viele wird er erleben.

An der anderen Flanke der Korona schaut ein mittelalter Teckel überlegen und abgeklärt drein. Zwischen harschen Brauen und rauem Bart geht sein Blick geradeaus. Als wolle er sagen: »Kommt nur her, ihr Sauen, ich werde euch schon flott machen!«

Ein Hund fällt jedem auf, denn seine Rasse ist bei uns doch eher selten vertreten. Sein grau-meliertes raues Haar, der Bart und die für seine Größe etwas überdimensionierten Behänge ziehen den einen oder anderen Blick auf sich. Es dauert nicht lange, bis die Neugier der Interessierten gestillt ist. Aha: ein Griffon Bleu. Ein französischer Laufhund, eine Bracke also, wie man hierzulande kurz und knapp sagen würde.

Als die Hörner zur »Begrüßung« anheben, fallen die Vierläufer einstimmig ein. Gejaule und Geheule, aus tiefen und hohen Kehlen umrahmt den Fürstengruß und den »Aufbruch zur Jagd«. Terrier, Dachshunde, Wachtel und Bracken – alle miteinander machen sie unüberhörbar auf sich aufmerksam. Spätestens jetzt weiß auch der Letzte: Die Hunde sind da!

Während sich die Schützen mit ihren Anstellern zu den Ständen aufmachen, werden die Hunde für das Treiben gerüstet. Ihre Schutzwesten zeugen ebenfalls von der Erfahrung der Träger. Wetter, Dornen und der eine oder andere Hieb einer Sau haben ihre deutlichen Spuren darauf hinterlassen. Selbstverständlich dürfen die GPS-Ortungsgeräte nicht fehlen. Wie lange musste man früher, ohne diese Errungenschaften der Technik, nach der Jagd oft auf seine Vierläufer warten! Stets die Ungewissheit und bohrende Fragen im Kopf: »Wo steckt mein ›Watz‹? Hat er noch eine Sau gestellt? Wurde er überfahren? Oder hat ihn schon jemand aufgelesen und zum Sammelplatz gebracht?« Fragen, die heute Satelliten, Sender und Empfänger schnell beantworten können.

Mit signalfarbenen Halsungen versehen oder mit bunten Westen und herauslugenden Antennen ausgerüstet, setzt sich die Truppe mit ihren ebenso auffällig bunt gewandeten Führern in Bewegung. Kräftig liegen die Racker in den Halsungen. Ganz gleich, ob groß oder klein, ob rau-, lang- oder glatthaarig. Sie wollen jetzt los. Es wird nicht lange dauern, bis ihr Laut zwischen Büchsenschüssen und Treiberrufen durch die Bestände hallt.

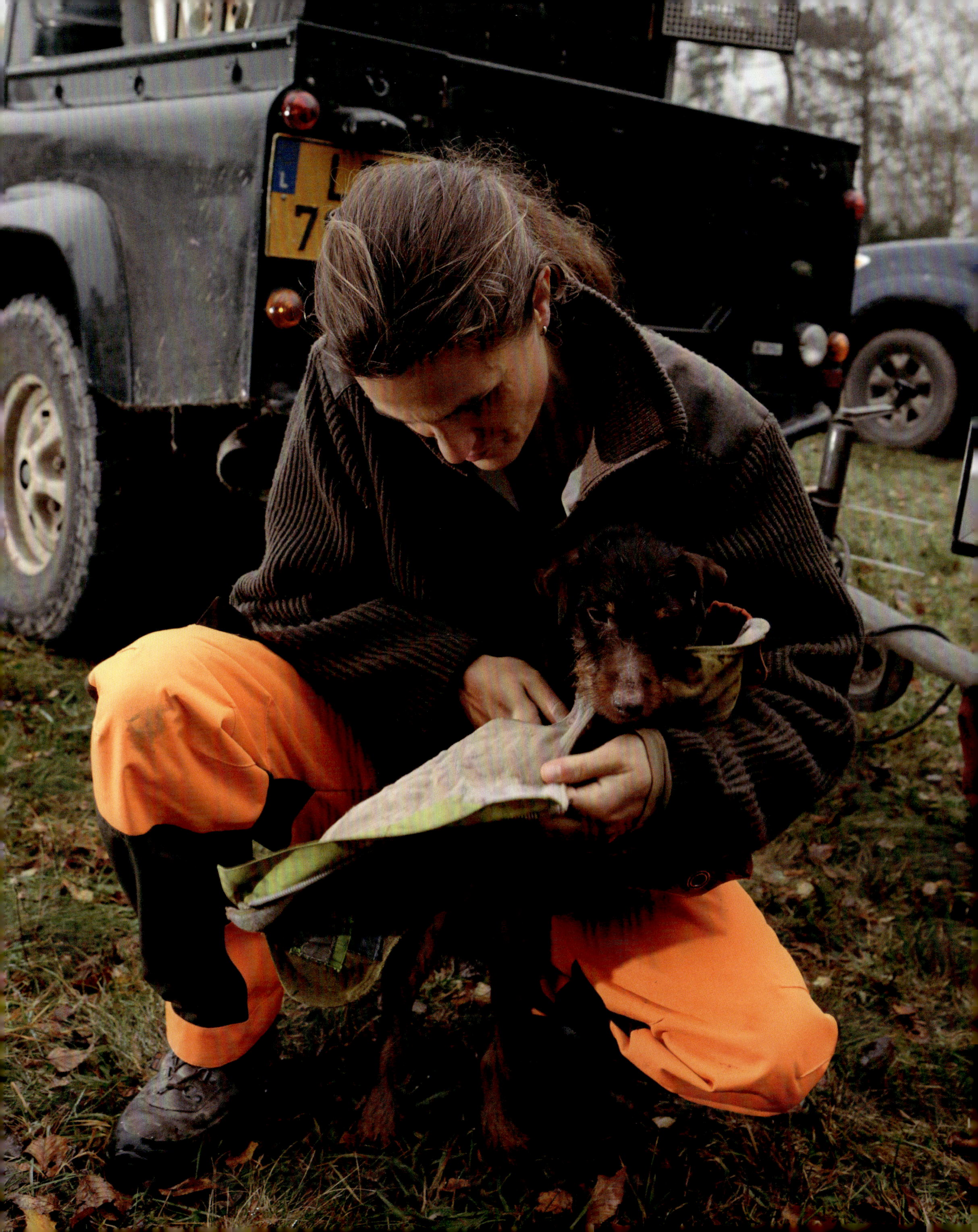

Vorige Seite – Ein Jagdhund will gut vorbereitet sein, wenn es auf Sauen geht. Die »Kleiderordnung« sieht auch Schutzweste vor.

Diese Seite – Der »Panzer« dieses Haudegens erzählt von manch hartem Einsatz.

Neben der Schutzweste wird auch noch ein Peilsender angelegt – fertig ausgerüstet ist der Hund.

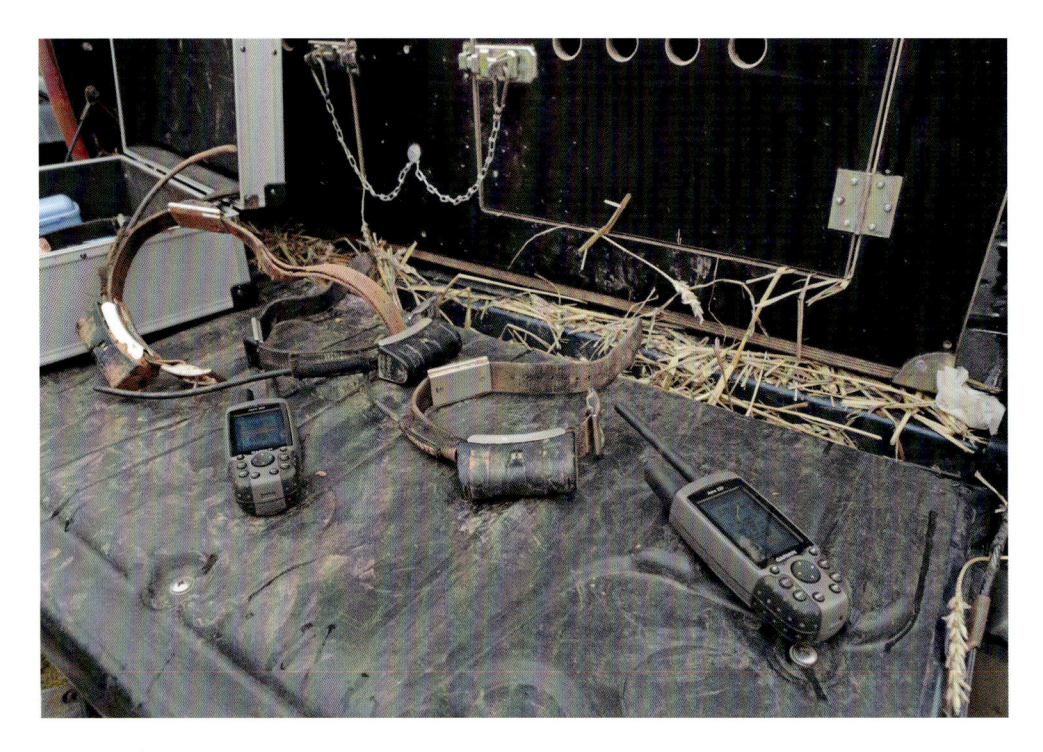

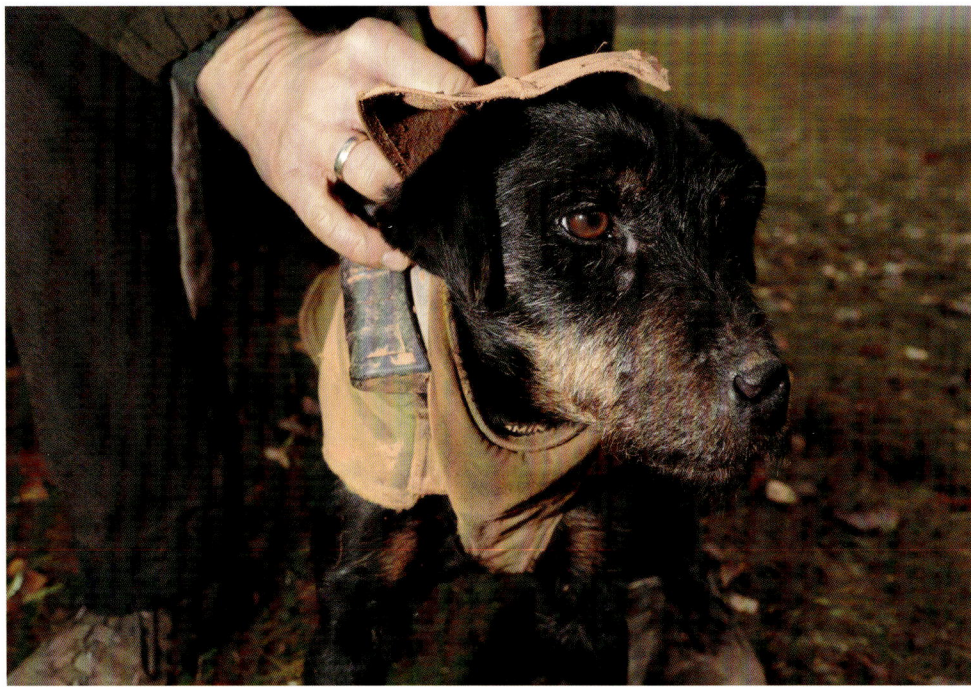

O – Sind mehrere Hunde im Einsatz, ist doch einiges an Ortungstechnik nötig, um alle vierläufigen Helfer sicher wiederzufinden.

U – Der alte Raubautz kennt das morgendliche Ankleideritual.

Auch den »Großen« wird eine »Rüstung« angelegt.

Kapitel 2

Auf dem Drückjagdstand

Am Schweinberg

Es ist still. Sonnenlicht bricht durch die Kronen der Buchen, Kiefern und Fichten. Strahlen stehen auf dem Boden, als fielen sie durch große Domfenster. In die frostklare Luft piepst nur ein Wintergoldhähnchen, schimpft ein Blaumeischen auf einen Hund, der am Fuß eines Drückjagdbockes in seinem Jagdzeug sitzt und zitternd darauf wartet, dass dieser Feiertag beginnt. Heute ist Schweinbergjagd. Ein Termin, den viele Brackenjäger schon zu Beginn des Jagdjahres in ihren Kalender schreiben.

Meistens findet er am zweiten Januarwochenende statt. Die Chancen, an viele Sauen zu kommen, stehen dann am besten. In den Hochlagen der Rhön ist es entweder bestialisch kalt oder der Schnee drückt die Sauen an diesen 450 Hektar großen Berg. Wer das kleine Mittelgebirge im Herzen Deutschlands kennt, weiß, dass es hier oben immer eine Jacke braucht. Auch die Sauen lieben es nicht, wenn ihnen der kalte Ost- oder Westwind in die Schwarte bläst, und so schieben sie sich in warme, sonnige und geschützte Hänge der tieferen Lagen. Diese Wohnstuben hat der Schweinberg zur Genüge. Noch vor 100 Jahren standen für die Rhön fast untypisch auf dem Bergrücken nahezu ausschließlich Kiefern. In ihrem lückigen Bestand mit üppiger Krautvegetation und Heidelbeeren lebte noch bis ins vergangene Jahrhundert das letzte Auerwild der Region.

Nur einige Kilometer entfernt, in der Kernzone des Biosphärenreservates, kämpfen derzeit die Birkhühner ums Überleben. Der Staat und die Jägerschaft mühen sich, den kleinen schwarzen Ritter als Wappenvogel im Land der offenen Fernen zu halten. Ein Berufsjäger stellt unter anderem intensiv dem Raubwild nach. Da wundert es dann schon, wenn der Bayerische Staatsforst auf seinen Jagden keine Füchse mehr freigibt, denkt der Schütze, dem noch vor Beginn des Treibens heimlich der Rote zusteht.

Der Schlaumeier hat bemerkt, dass heute zu viel Bewegung auf dem Berg herrscht. Rund vier Wochen lang war es herrlich ruhig. Kein Einschlag, keine Maschine, gelegentlich nur ein Fußgänger. Für Revierförster Josef Rieken ist das Teil des Plans. Nur einmal wird der Schweinberg im Jahr bejagt, dann aber intensiv. Die Erfahrung der vergangenen Jahre hat gezeigt, dass viele kleine Jagden zusammen aufwendiger, aber nicht ertragreicher sind. So konzentriert sich alles auf den einen Tag. Die Stände sind über Jahre angelegt, immer wieder ergänzt, verschoben und repariert worden. 78 Böcke stehen zur Verfügung. Fast so viele Schützen werden dann auch im Revier verteilt, jeder zweite hat einen solo jagenden, spurlauten Hund dabei, der vom Stand aus geschnallt wird. Dabei sind Beagel, Deutsche Bracken, Brandlbracken, Steirische Rauhaarbracken und Montenegrinische Gebirgslaufhunde. Einige junge Hunde geben unter den Augen erfahrener Führer heute ihr Debüt. Jedem Jäger geht an diesem Morgen das Herz auf, wenn das Geläut der jagenden Hunde zum vereinbarten Zeitpunkt anhebt und 35 verschiedene Stimmen jubelnd ankünden, dass ihre feinen Nasen Wild verfolgen.

Was hat sich die Jagd verändert: Noch vor 25 Jahren wäre der flächendeckende Einsatz von Bracken undenkbar gewesen. Schon alleine die derzeitigen Sauenstrecken waren in der Rhön undenkbar. Wenn im Winter der Ruf kam »Sauen fest«, war man froh zu dem ausgesuchten Kreis von Schützen zu gehören, die bei der Saujagd mitmachen durften. Dazu wurde man ausgewählt und nicht einfach eingeladen. Am Ende, wenn der Kreiser und die wenig eingesetzten Terrier gute Arbeit geleistet hatten, lagen eine Handvoll Sauen im Schnee. Überhaupt Schnee – den weißen Leithund gab's auch nur früher.

Ist es heute gang und gäbe, auch Rehwild bei den großen Jagden mitzubejagen, wäre auch das vor 25 Jahren kaum denkbar gewesen. Auf Rotwild wurde beim Staat verhalten schon mal gedrückt, aber das Reh auf der Treibjagd war ein Unfall, das vielleicht von einem Hund gegriffen oder in einen Zaun gelaufen war. Die Böcke bekamen auf den Trophäenschauen noch rote Punkte und wehe, wenn einer solch einen bekam. Grund genug, dort nur ausgewählte Böcke aufzuhängen. »Wald vor Wild« hätte kein Förster in den Mund genommen. Im Gegenteil, der Förster schimpfte gerne ein bisserl auf die Schießerei in den Genossenschaftsjagden. Die Förster und die Jagd waren eine Einheit. Das Wort des Forstmannes galt etwas und wurde auch gehört. Was für Zeiten, in denen Wild nicht nur unter Schadaspekten wahrgenommen wurde.

Die »Normaljäger« trafen sich im Herbst zu kleinen Flintenjagden. Mit großer Treiberwehr ging es zu Holz und wenn am Abend zehn bis zwanzig Hasen und zwei Füchse lagen, war das ein großer Jagdtag, mit anschließendem Schüsseltreiben-Zauber. Sollte eine Sau im Treiben gesteckt haben, dann gab es große Aufregung und nicht selten wurde sie mit 3,5 Millimeter »waidgerecht« zur Strecke gelegt. Ihr Vorkommen war auf jeden Fall eine Sensation. Heute lohnt die Hasenjagd nicht mehr. In den gleichen Revieren sind die Jäger heute enttäuscht, wenn nicht mindestens zehn Sauen auf der herbstlichen Drückjagd erlegt werden.

Die Bracke am Fuß des Drückjagdbockes ist inzwischen unterwegs und stöbert. Ihr Führer und Schütze lauscht aufmerksam ihrem und dem Laut der jagenden Gefährten. Zahlreiche Schüsse sind schon gefallen. Waren es 20 oder 30? Rauschen im gefrorenen Laub lässt ihn von seiner Sitzbank und seinen Puls in die Höhe schnellen. Rund 20 Schwarzkittel halten direkt den Wechsel, auf dem auch schon Reineke vor einer Stunde zustand. In einer Fichten-Buchen-Verjüngung sammelt sich die Rotte. Die ersten Starken passieren Lücken, dann peitscht der Schuss. Die Rotte beschleunigt, noch ein zweites und ein drittes Mal rollt das Echo den Hang hinunter. Zwei geringe Sauen folgen der Rotte nicht mehr.

Das Schuss-Treffer-Verhältnis zeichnet der Jagdleiter penibel auf. »Als wir mit der Jagd anfingen, war es noch ein Verhältnis von eins zu vier. Bei den Jagden der letzten Jahre war das Verhältnis bei rund eins zu zwei. Man spürt, dass die Brackenführer immer besser werden. Viele von den Eingeladenen machen im Jahr zig Drückjagden mit, stehen regelmäßig im Schießkino. Auch das ist einer der Erfolgsgaranten«, sagt der Forstmann. Nach einer Stunde Jagd lässt das Geläut der Hunde nach, doch immer wieder fallen bis zum Ende des Treibens einzelne Schüsse.

Am zentralen Treffpunkt ist die Stimmung gut. Sehr viele Sauen seien im Treiben gewesen. Und was anfänglich noch eine Vermutung war, wird zur Gewissheit. 90 Sauen liegen am späten Nachmittag auf dem Hof. Viele Hundeführer hören am Berg das muntere »Sau tot« der Hörner. Noch während das Wild geliefert wurde, schwärmten sie zu Kontroll- und Nachsuchen aus. Jeder Schütze erhält schnell einen Hundemann zur Seite gestellt, der mit zum Anschuss fährt.

Spätestens zum Schüsseltreiben sind alle wieder beieinander. Die Nachsuchen des nächsten Tages werden besprochen, Jagderlebnisse ausgetauscht. Es gibt fränkisches Schäufele und Kraut, frisches Bier und viel Gesang bis tief in die Nacht.

Die Sonne steht schon hoch am Himmel. Jetzt hurtig auf den Stand.

O – Mit Sack und Pack. Wer zu dick angezogen ist, kommt auch bei Minustemperaturen ins Schwitzen.

U – Achtung, Kaiserstand! Hier ist bis jetzt noch jeder zu Schuss gekommen.

Seltsame Unruhe im Wald. Die Autokolonne macht hier und da schon Wild locker.

Wie so oft hat der Fuchs als Erster gemerkt, dass heute etwas nicht stimmt.

O – Was für ein Ausblick – Herbstzauber, so weit das Auge reicht.

U – Der Stand ist eingenommen, das Schussfeld sondiert. Jetzt kann es losgehen.

War da was? Im Nu ist der Stutzen zur Hand.

Im Anschlag

Das Absehen des Zielfernrohres hat das Reh erfasst, das gerade eben in hohen Sprüngen in die rot glühende Buchenverjüngung eingesprungen ist. Kaum 30 Schritt entfernt, verhofft es, mit verdecktem Blatt, und sichert bewegungslos den Hang hinunter. Dort jauchzt ein Hund fährtenlaut. Geschickt hat die Geiß den Verfolger mit zwei, drei Haken abgehängt. Die dunklen glänzenden Seher sind aufmerksam und die dunkel umrandeten Lauscher spielen in alle Richtungen. Die samtig dicke, graubraune Winterdecke harmoniert wunderbar mit dem herbstlichen Farbenrund und dem sonnigblauen Himmel.

Nur noch eine kleine Bewegung nach vorne, dann ist die Schulter frei – kein Kunstschuss. Deutlich zeigt das Zielfernrohr, wie sich der feuchte Windfang mit den schimmernden Härchen über dem weißen Kinn bewegt und im Wind den Fährtenlauten sucht. Manchmal reckt es dafür auch leicht den Hals mit dem leicht helleren Kehlfleck nach vorne. Der weiße Spiegel ist erregt aufgestellt.

Es weiß nicht, dass nur ein Moment und der leichte Druck eines einzigen Zeigefingers es davon trennen, zur Beute zu werden. Aufrecht steht es da, wähnt sich in sicherer Deckung und ist einfach nur schön. Ein Bild, ein Geschenk.

Der Abschussplan, das Waldschadensmanagement und die Lust des Jägers fordern seinen Tod. Aus Lust soll der Schütze nicht schießen dürfen, sagen einige. Das sei widerlich, ja sogar unmenschlich. Sie fordern, wenn überhaupt einen professionellen, emotionslosen, technisch schnellen Tod aus irgendeiner Notwendigkeit – am besten wegen dem ungeheuren wirtschaftlichen Schaden. Aber kann das gefühlskalte Töten besser sein als die Kugel eines Mannes, der die Schönheit dieses Wildes gesehen hat? Der nach der Erlegung das Knie beugt, weil er das Wunderbare und damit den Wert dieser Geiß viel stärker erkannt hat als der, der nur einen Schädling gerichtet und ihn anschließend für wenig Geld verschleudert hat? Der Jagdphilosoph Bernd Balke meint, dass die einzige Möglichkeit des angemessenen, entschuldeten Erlegens in der Dankbarkeit, der Jagdfreude und der Demut liegen, die der Jäger empfindet. Wer gleichgültig tötet, sei des Tieres nicht wert.

Inzwischen ist der laute Hund heran, aber das Stück macht keine Anstalten zu fliehen. Es wird kleiner und kleiner, bis nur noch ein Lauscherpaar aus der Deckung lugt. Als der langhaarige Wachtel vorbeigebögelt ist, drückt es sich in die entgegengesetzte Richtung davon. Der Schütze setzt die Büchse ab, entspannt sie und lächelt.

Geschickt hat die Rehgeiß ihre »kläffenden« Verfolger abgehängt. Jetzt sichert sie zurück, bevor sie ihre Flucht durch das Unterholz fortsetzt.

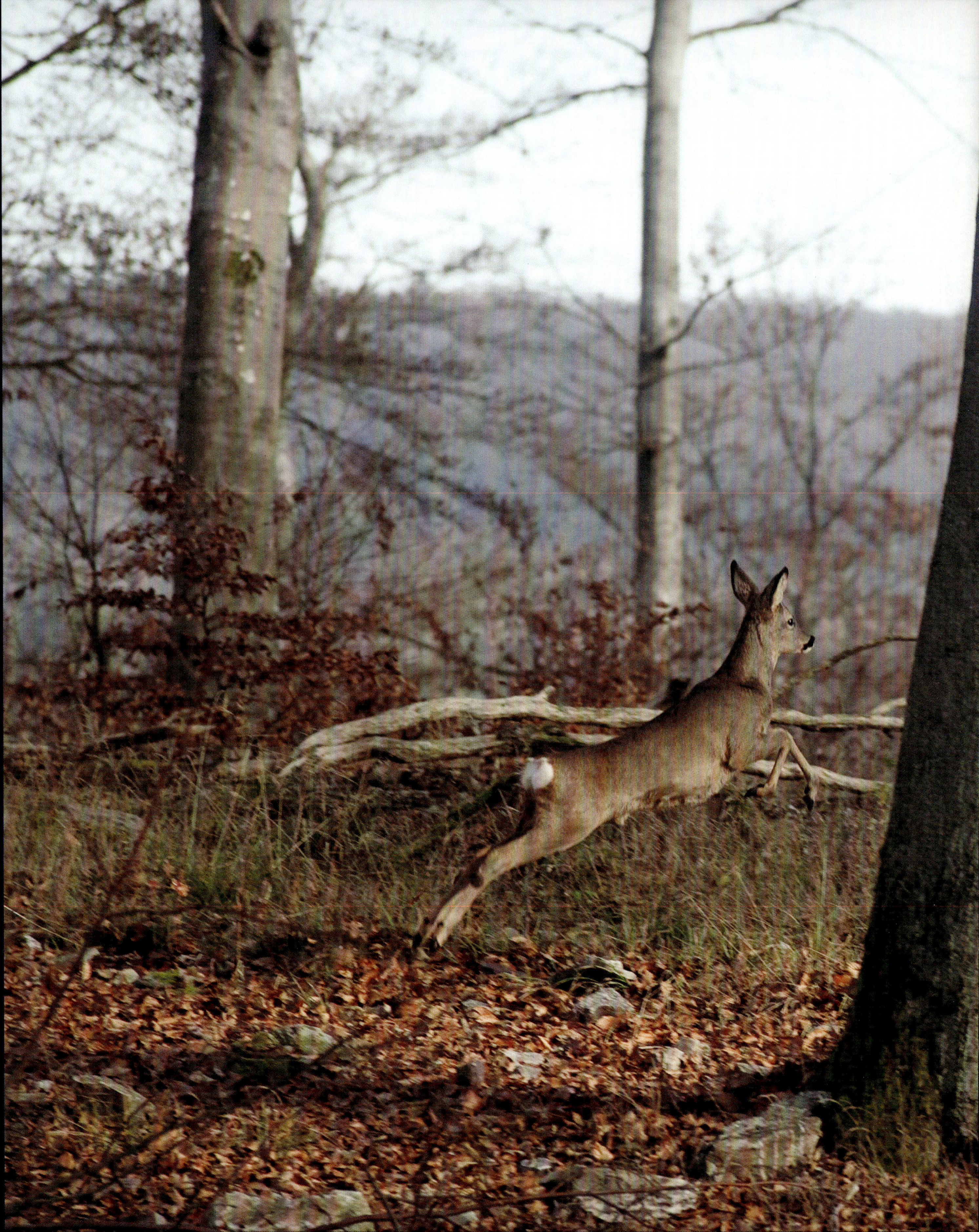

Der Finger bleibt gerade. Am nierenförmigen Spiegel und dem Pinsel ist deutlich zu erkennen, dass hier ein Rehbock flüchtet. Und der ist heute nicht frei.

O – Das Reh weiß jede noch so kleine Deckung zu nutzen.

U – Manchmal genügt ihm schon ein Reisighaufen, …

O – … um fast vollständig darin zu verschwinden.

U – Nach einer Erholungspause geht es weiter zum nächsten Unterschlupf.

O – Das Gewehr ist oben, aber das Stück verhofft nicht. Pech gehabt …

U – Lichtbrücken überfällt Rehwild in hohen Fluchten.

Das Rotwild ist schon einmal durchs Treiben geflüchtet.

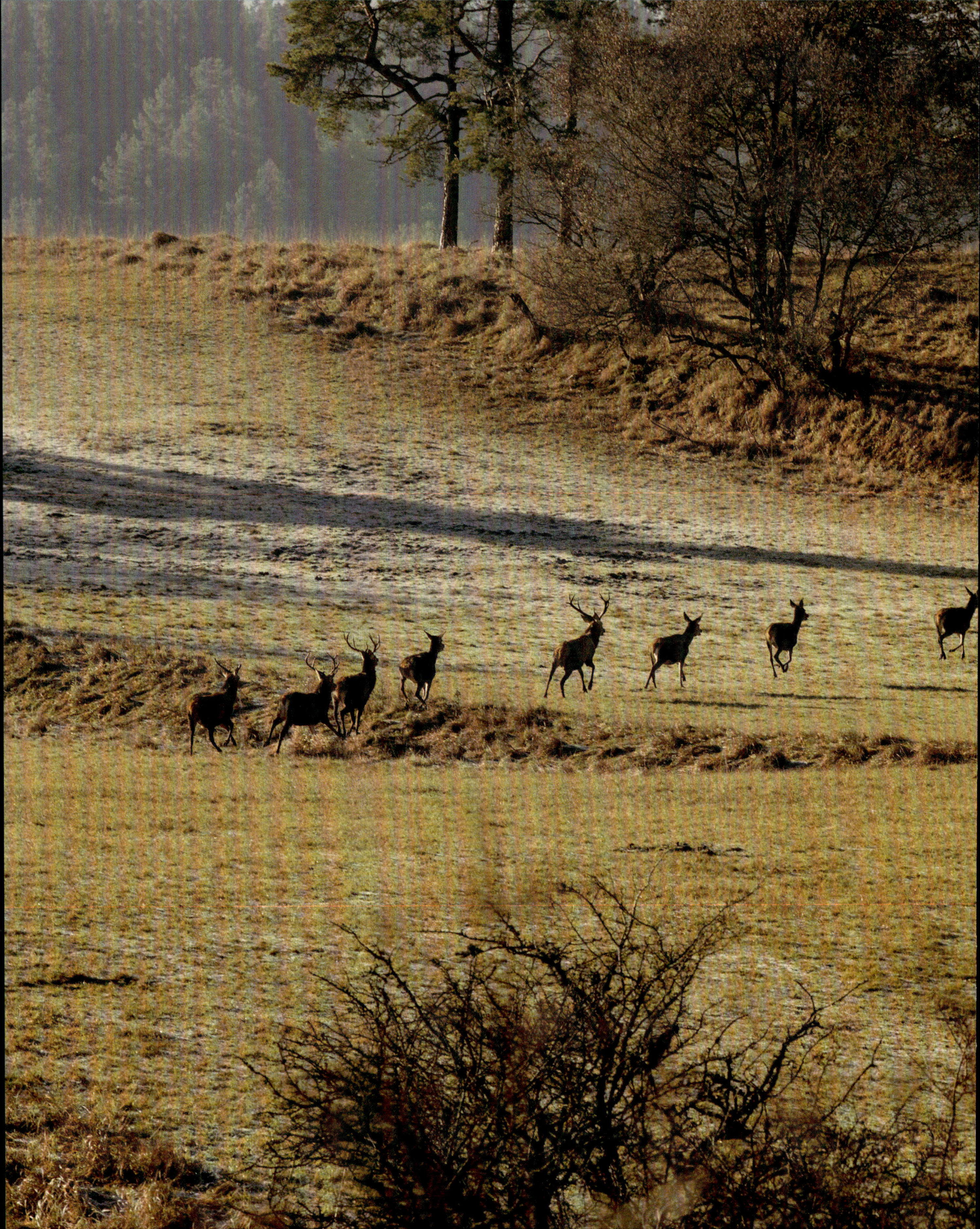

Wie an einer Schnur verlässt das Rudel den Einstand über einen Fluchtwechsel, der durch das offene Gelände führt.

O — Ein Spießer wechselt über den Forstweg und setzt zum Sprung an.

U — Fast aus dem Stand steigt der Jüngling steil in die Höhe, ...

O – … überflieht mit einem Satz die Böschung …

U – … und taucht im dichten Adlerfarn ab.

Vorsicht: »tieffliegender« Rothirsch!

O – Flott geht das Rotwild Stück an Stück durch das Kiefernholz.

U – Manch einem Geweihten geht es dabei nicht schnell genug.

Sünde

Oh du Ruchlose, zu schnell Entsendete. Was habe ich auf dich gebaut und gehofft. Entwichen bist du dem Patronenlager, in dem du so verantwortungsvoll gebettet warst. Hast nur einen Mantel zurückgelassen, der klingelnd auf den Boden fiel und der unzweifelhaft kündete, dass du eine Reise angetreten hast, ohne dass derjenige, der dir den Reiseauftrag gab, jetzt wüsste, ob du dein Ziel auch tatsächlich erreicht hast.

Irgendwo dort auf der Schneise bist du ins Dunkel der Erde getaucht. Aber hast du zuvor das Herz des Hirschkalbs durchschlagen, das wie ein Spuk vorübergerumpelt war, und dessen Anblick ebenso flüchtig und kurz war wie der Knall der Büchse?

Was war das alles, was sich soeben hier in Sekunden abspielte? Wo war es genau? Und so versucht der Geist, der für all das Schnelle viel zu träge ist, zu begreifen, sucht aus Wunsch und Bild Wirklichkeit zu formen. Nichts liegt auf der Schneise, auch das Ohr hörte das Stück nur kurz wegstürzen. Liegt es? Der Schuss war mehr geworfen als gezielt. Ich verfluche die Gier, die es haben wollte und den Finger vielleicht zu schnell krümmte.

Die Ansage des Jagdherrn am Morgen, die ich schon so oft gehört habe, wird zum Fluch: »Der Stand ist auf keinen Fall zu verlassen.« Die Stunde bis zum Ende des Treibens ist eine Tortur. Immer wieder fliegt in Gedanken das Kalb über die Schneise. Ich versuche aus der Erinnerung zu klären, ob ich nicht doch etwas gesehen habe, was mir verriet, dass die Kugel fehlging.

Und was ist, wenn das Blei das Hochwild weich gefasst hat? Mein Unvermögen, das diesem Edlen tödliche Schmerzen zugefügt hat, beginnt bereits jetzt, das Gewissen zu mühen. Was, wenn wir es nicht finden? Nicht heute, nicht morgen…. »Ein Schlumpschütze ist der!«, höre ich höhnend den Schießteufel lachen. »Warst du nicht doch deutlich hintendran?«, fragt der Zweifel und ringt mit jeder Sekunde die Zuversicht nieder, die mich noch hielt, als ich die abgeschossene Hülse herausrepetierte.

Nach einer halben Stunde bin ich mir nicht einmal mehr sicher, wo das Kalb genau über die schmale Schluppe im Stangenholz ging. War es hier vorne, bei der kleinen verbissenen Buche, oder doch dahinter?

Zittrig stecke ich mir einen Tabak an. Rauche bis mir schwindlig wird, blicke alle fünf Minuten auf die Uhr, bis der große Zeiger quälend lange seine Umlaufbahn einmal genommen hat. Der Hund auf der Decke am Fuße des Drückjagdbockes blickt aufmerksam herauf, als wolle er sagen: »Und was is'? Haste es?« Zu gerne würde ich im sagen: »Klar, liegt.« Aber das Kalb liegt nicht.

Eilig stürmt der Hund nach dem Ende des Treibens voran auf den Anschuss.

Im Buchenlaub ist nichts zu finden, auch kein Kugelriss. Einige Meter weiter ein Schaleneingriff. Der Hund bewindet ihn, taucht unter einem Randfichtchen hindurch, zieht einige Meter nach und tippt auf die Seite: Ein Schnitthaar. Eine Länge weiter ein Schweißspritzer. »Ruhig, nur nicht zu früh freuen«, raune ich dem jubelnden Gemüt zu. Schon oft hat der Schweiß getäuscht und am Ende gab es nichts als lange Gesichter. Und warum zum Teufel bögelt der Hund jetzt den Hang hinunter. Die Schwäche formt einen Gedanken, der so schlimm wie einfach ist und durch einen Schweißspritzer und ein Schnitthaar eigentlich widerlegt wird. »Das hat nicht so viel!« Oft gehört, viel zu oft akzeptiert und meistens einfach nicht wahr. Das ganze Ausmaß der Sünde kennt anschließend nur der Wald und am Ende vielleicht Reineke, der einen gedeckten Tisch fand, als er Nachlese im großen Treiben hielt.

Unter den Fichten wird der Hund langsamer, ohne dass ich den Grund dafür sehen kann. Hat er sich mit dem Riemen verhangen? Ich beuge mich hinunter und wo soeben noch unter der Jacke ein banges Herz mit all den widerlichen Fragen kämpfte, macht es einen riesigen Satz. Wie schlafend sitzt es da vor dem Hund, rührt kein Glied mehr, das offene Licht ist gebrochen. Die ruchlose Kugel hat das Hirschkalb direkt hinter dem Blatt gefasst. Nur ein feines Rinnsaal Rot, das sich in der Winterdecke verfängt, zeigt ihren perfekten Sitz. »Na, das hab ich doch eigentlich gewusst!«, lache ich über mich und der Hund stimmt mit lautem Geheul ein.

Friedlich scheint der Winterwald zu schlafen.

O – Aus der Dickung wechseln Alttier und Kalb ins Freie. Das Kalb erhält die Kugel.

U – Auf den sicheren Kammertreffer zeichnet das Stück deutlich.

O – Noch ein paar Meter hält das beschossene Kalb Anschluss, …

U – … dann verendet es rasch. Der Bussard hat es als Erster entdeckt.

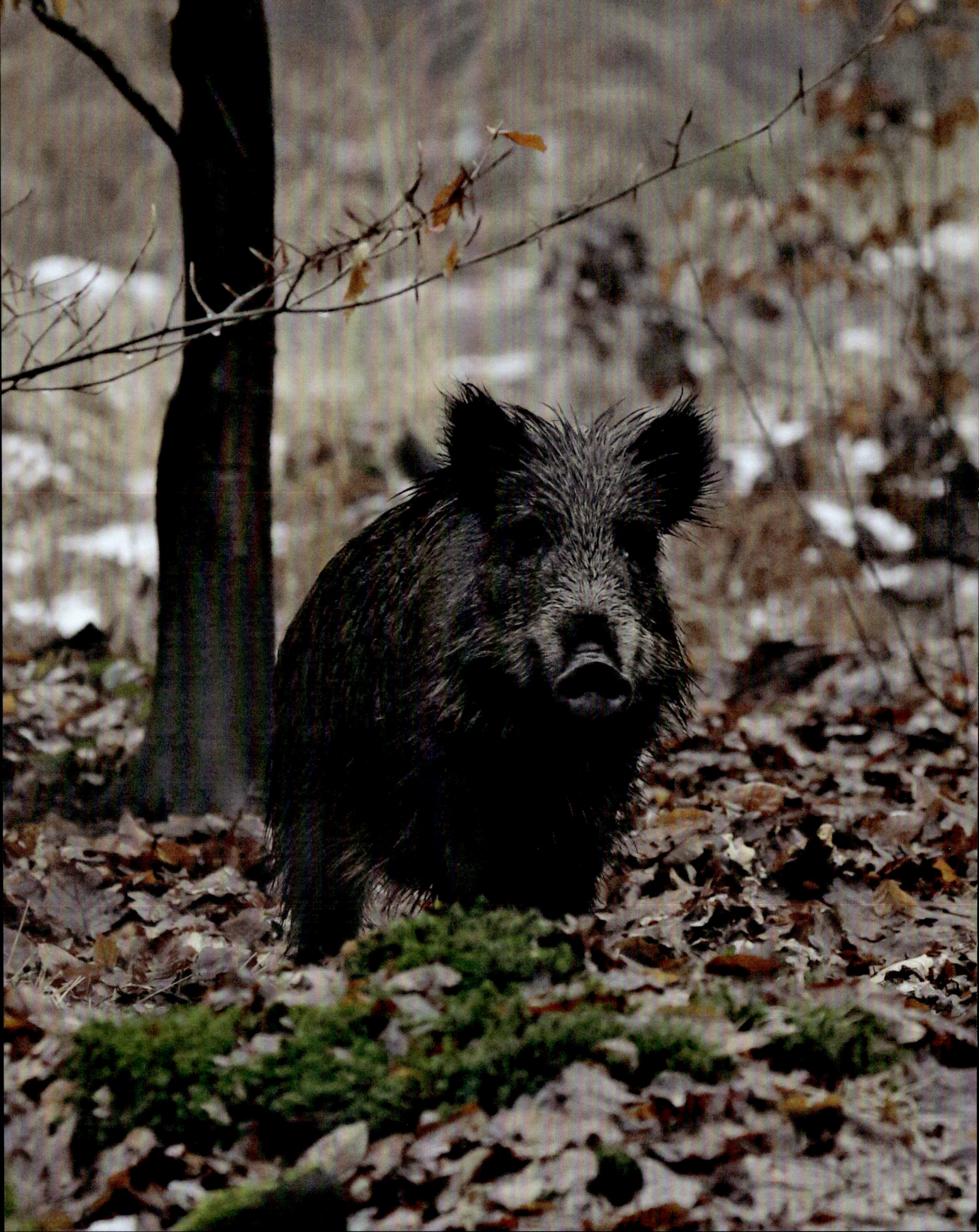

Wie hingezaubert steht plötzlich eine Sau vor dem Stand.

O – Auf die Bewegung des Schützen dreht der Schwarzkittel ab.

U – Der Jäger hat das Ziel erfasst.

O – Eine Sekunde später erhält das Stück Schwarzwild die Kugel hochblatt ...

U – ... und bricht augenblicklich zusammen.

Ein kurzer Pfiff lässt das Damschmaltier verhoffen.

O – Auf den Schuss knickt es vorne ein, ...

U – ... danach geht es über Kopf und bleibt verendet liegen.

Fuchsriegler

Hoch hatte er sich aufgerichtet und sicherte den Hang hinunter. Was war da in dem Fichtenstangenholz? Menschliche Stimmen drangen zu ihm herauf. Unruhig trat der Fuchsrüde einige Male hin und her. Lauschte abermals von seiner erhöhten Warte hinab. Ein Hund wurde spurlaut, Äste knackten, Stöcke schlugen Alarm. Der Rote kannte das Spiel. Als er im vergangenen Jahr sich im Hang der stillen Osterburg ein trockenes, sonniges Lager gesucht hatte, um den Tag zu verschlafen und nachts wieder auf Raub ins Tal zu ziehen, hatte ihn einer der braunen »Stinkhunde« aus dem Schlummer gerissen. Keine 20 Meter entfernt war der Stöberer an ihm vorbeigestürmt. Er ließ ihn vorüber und stahl sich heimlich in die Richtung davon, aus der der Wachtel gekommen war. Der Abstand zwischen den Treibern, die mit den Hunden langsam durch die Hänge stiegen, war groß, und er kam ungesehen an ihnen vorbei. Eigentlich hatte er sich schon in Sicherheit gewähnt, als er im Holz plötzlich eine Bewegung wahrnahm. Sofort startete er durch. Ein Schuss brach. Ein stechender Schmerz durchfuhr ihn. In der rechten Hinterkeule hatte es eingeschlagen. Das Tempo drosselte der Schmerz nicht, im Gegenteil. Immer schneller, sich fast überschlagend, stürzte er den Hang hinunter. Den zweiten Schuss hörte er noch prasseln, getroffen hatte er nicht. Seitdem war der Fuchsrüde vorsichtig geworden. Er mied die Osterburg, auch wenn sie mit ihren steilen, sonnendurchfluteten Buchenhängen zum Aufenthalt lockte. Überhaupt ging er Orten mit menschlicher Nähe aus dem Weg und empfahl sich, sobald die feine Nase und die sensiblen Gehöre seinen größten Feind meldeten.

In der vergangenen Nacht hatte er diese Vorsicht vergessen. Beim Mausen hatte er auf einmal diesen süßen Duft in der Nase. Bitter kalt war die mondhelle Januarnacht, und trotzdem wurde dem Rüden auf einmal warm. Ohne sich weiter um die unter dem Buchenlaub und dem Schnee wispernden Nager zu kümmern, folgte er einer flüchtigen Ahnung. Er durchquerte eine Fichtenkultur am Rande des Arnsberges, als sich die Wittrung verstärkte. Magisch von dem Wollust verheißenden Dunst gezogen, schnürte der Rote im Schatten einer Haselnusshecke entlang, schlüpfte durch sie hindurch und hielt inne. Auf der weiten, schneebedeckten Wiese sah er gerade einen weiteren Fuchs zum Sprung ansetzen. Eine Fähe war die heimliche Duftspenderin. Geradewegs steuerte er auf sie zu. Der Geruch an ihr war jetzt so stark, dass er nicht widerstehen konnte. Er folgte der Betze die ganze Nacht, bedrängte sie, auch wenn sie die Gehöre zurücklegte und giftig fauchte. Als der Mond am Himmel blasser wurde und sein Silberschein sich im graublauen Himmel des Morgens verlor, schnürte die Fähe Richtung Osterburg. Er folgte ihr auf den Berg, auf dem einst eine stolze Burg thronte, die Münzers wilde Bauernhorden niederbrannten und vollständig schleiften. In ihren Basaltschlüften, im Bruchholz der Hänge wollten die Reinekes den Tag verbringen. Am Südosthang des Berges hatte der Rüde sich unweit der Gefährtin kurz eingerollt und war eingedämmert, bis ihn verdächtige Laute aus dem Halbschlaf rissen.

»Weg hier!«, riet ihm sein Instinkt. Vergessen war die süße Nacht, als er auf die Felsbaue in den Geröllhalden der Burg zusteuerte, um sich in Sicherheit zu bringen. Unzählige Gehecke waren darin schon groß geworden, ein guter Rückzugsort. Doch noch bevor er Malepartus, die sichere Fuchsburg erreichte, knallte es. Ein zweiter Schuss ließ keinen Zweifel daran, dass Gefahr an der angesteuerten Höhle lauerte. Ein Windhauch bestätigt ihm den »Feind«. Dicht an Holunderbüschen vorbei umschlug er die Baue und gelangte mit einem Sprung über einen Wanderpfad, der direkt zur Burgruine führte, in dichtes Himbeerstrauchwerk.

Auch die Fähe hatte die Gefahr bemerkt und versuchte, durch Bruchholz gleitend, Abstand zwischen sich und die Treiber zu bringen. Im Buchenhang eilte sie von Mulde zu Mulde und Baum zu Baum. Der zudringliche Rüde war längst vergessen. Der glitt inzwischen fast lautlos durch die Himbeerstängel und suchte an einem alten Kulturzaun entlang eine nahe Felsnase zu erreichen. Von dort waren es nur zwei, drei Sätze über eine schmale Straße in das sichere Fichtendunkel einer Dickung. Weit war es nicht mehr, immer gut in Deckung bleiben, hurtig unter der Wetterbuche hindurch hangab – plötzlich ein Knall, ein Rauschen, alle Kräfte versagten, er stürzte sich überschlagend in den Schnee. Die Seher ungläubig und vor Schreck weit geöffnet, ging nur noch ein Zittern durch den Körper und die Lunte. Die rasche Bewegung hinter einer Buche im Hang hatte der starke Fuchsrüde nicht mitbekommen.

Der junge Jäger mit dem zerschlissenen Lodenmantel und dem grauen, breitkrempigen Hut stand immer noch im Anschlag. Sein Herz schlug ihm wild im Hals, als wäre er selbst rund um den halben Berg geflüchtet. Dabei stand er bereits starr und still eine Dreiviertelstunde am bekannten Pass. In diese lauernde, angespannte Stille kehrte er nur äußerlich wieder zurück, nachdem er eine neue Patrone in seine Querflinte gesteckt hatte. Er glaubte nicht daran, dass es ein zweiter roter Räuber bei ihm probieren wollte. Trotzdem suchten die Augen weiter über die Schneekatzen, um im Gewirr der Himbeer- und Brennnesselstängel jede Bewegung auszumachen; er lauschte angestrengt, um das Knirschen von Schnee zu hören, das ihm nahendes Wild vielleicht ankündigte.

Die vorsichtig auf dem harschen Schnee aufgesetzten Branten der Fähe verursachten keinen Laut. Einen kurzen Moment hatte sie gesichert, als sie einen Schuss vernommen hatte. Doch es fiel ihr schwer, den Ort des Schusses genau zu lokalisieren, da aus dem Gegenhang das Echo diesen hallend zwischen den Bergwänden zurückwarf. Vorsichtig schnürte sie weiter, gelangte durch Buchenrauschen an einen Kulturzaun. Gewandt schob sich die Leisetreterin ohne Geräusch unter dem Zaun hindurch. Sie sicherte kurz hinunter zu der schmalen Straße, die bereits durch die Bäume schimmerte. Die Hangkante an der Felsnase war nicht mehr weit, als sie ein Schlag von den Läufen riss, ein Aufbäumen, ein Aufreißen des Fanges und es wurde Nacht.

Ungläubig schüttelte der junge Jäger mit dem breitkrempigen Hut den Kopf und stopfte zitternd eine neue Patrone ins Lager der Flinte. Als er den Fuchs ausgemacht hatte, blieb er bewegungslos, obwohl sein Herz einen riesigen Sprung gemacht hatte und ihm das Blut siedend heiß in die Glieder goss. Er wartete, unter seinem Hut hervorlugend, bis der Fuchs ganz nah heran war.

Jetzt lagen zwei Rote im Schnee. »Heute ist Fangtag!«, dachte er sich und ballte kurz vor Freude die Faust. »Der Fuchs ist tot, der Fuchs ist tot!«, klang ihm das Jagdsignal in den Ohren, und nur kurze Zeit später, als die Treiber bei ihm angekommen waren, setzte er sein Horn an, um den anderen Jägern ringsum das Ende des Fuchsrieglers an der Osterburg zu verkünden.

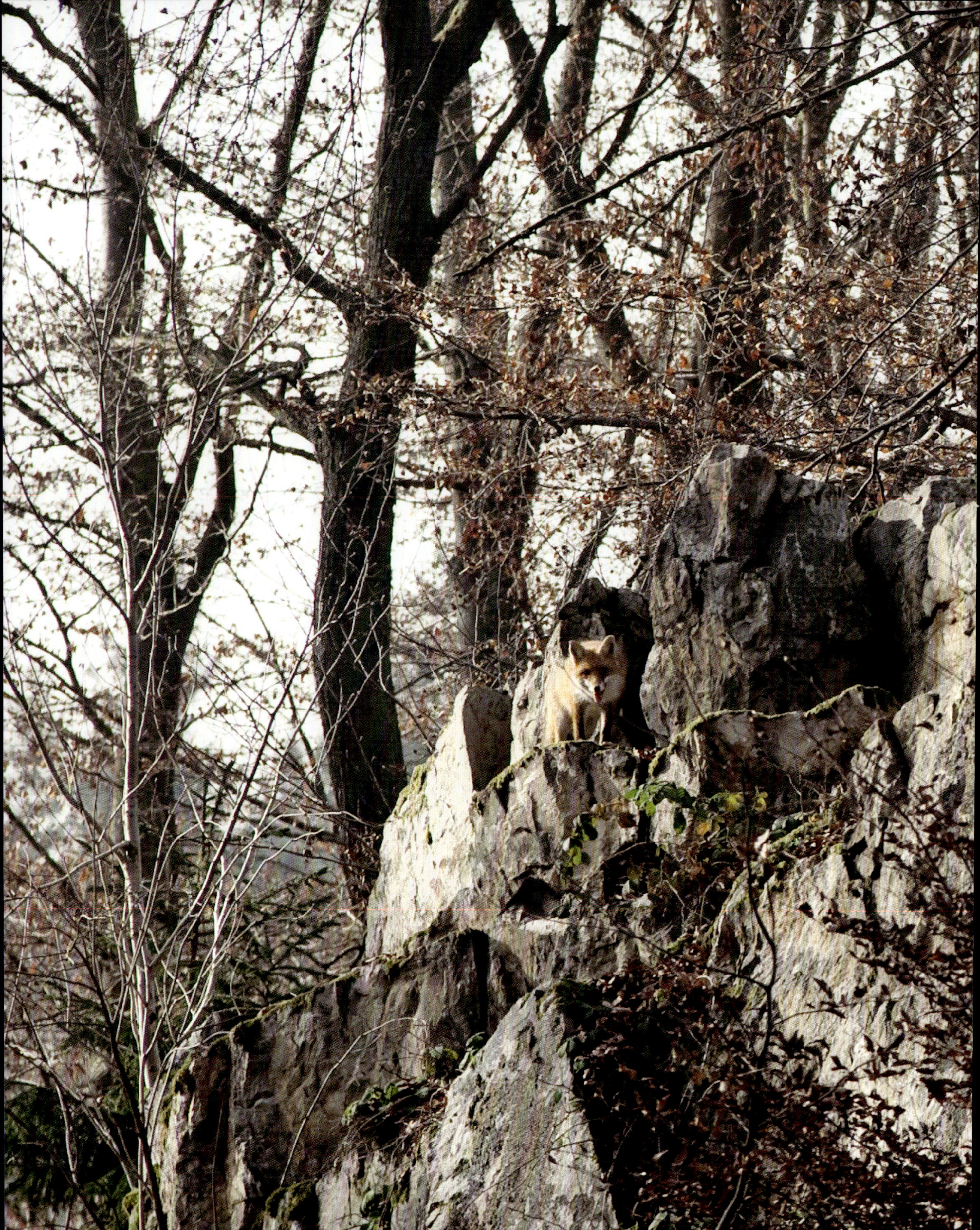

Ohne einen Laut zu verursachen, ist er plötzlich da. Bei Meister Reineke muss der Jäger immer auf der Hut sein.

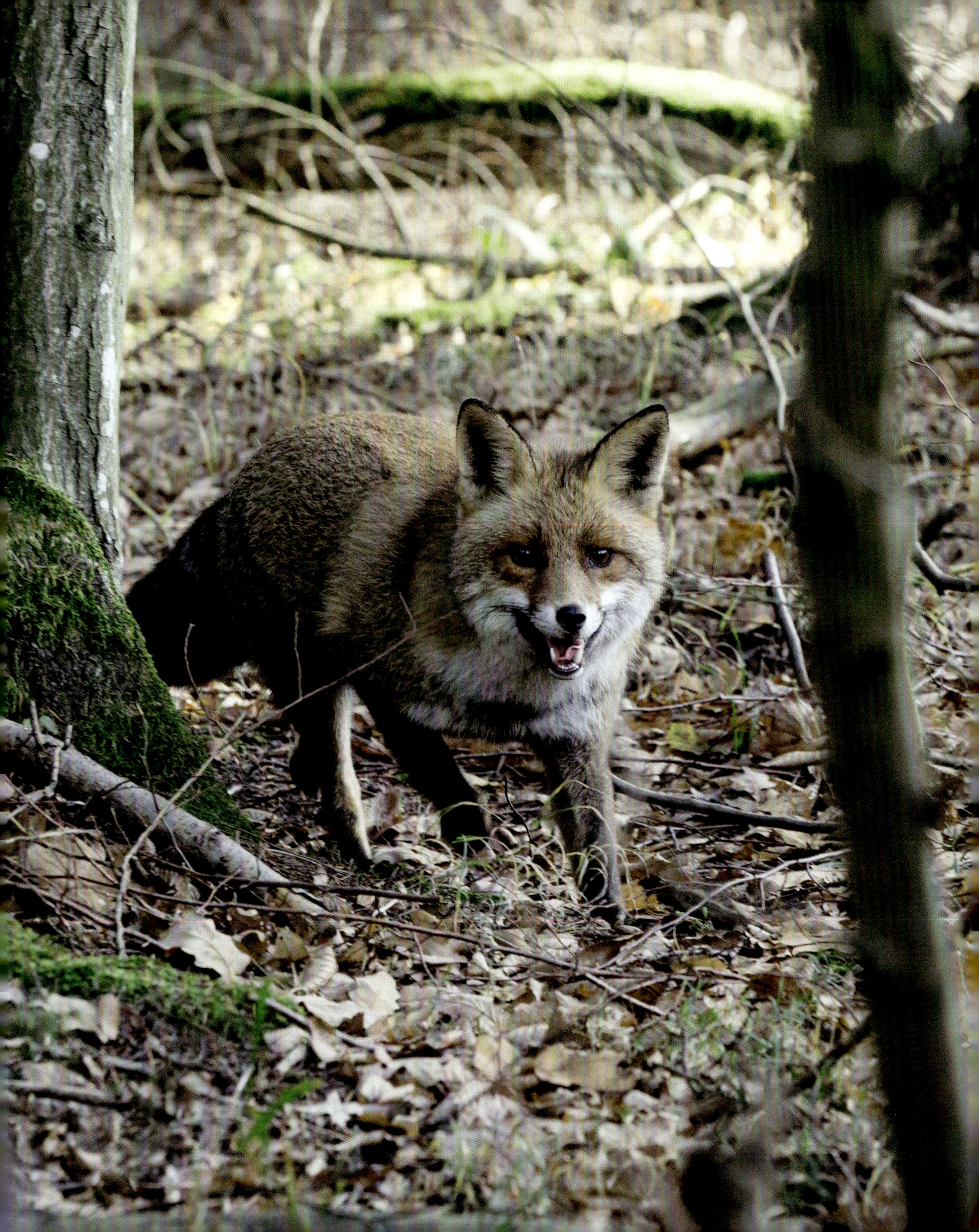

L — Jetzt bloß keine Bewegung mehr, sonst ist der Rote weg.

O — Es lohnt, sich den Fuchspass genau zu merken.

U — Oft folgen die Sauen exakt auf diesem Wechsel.

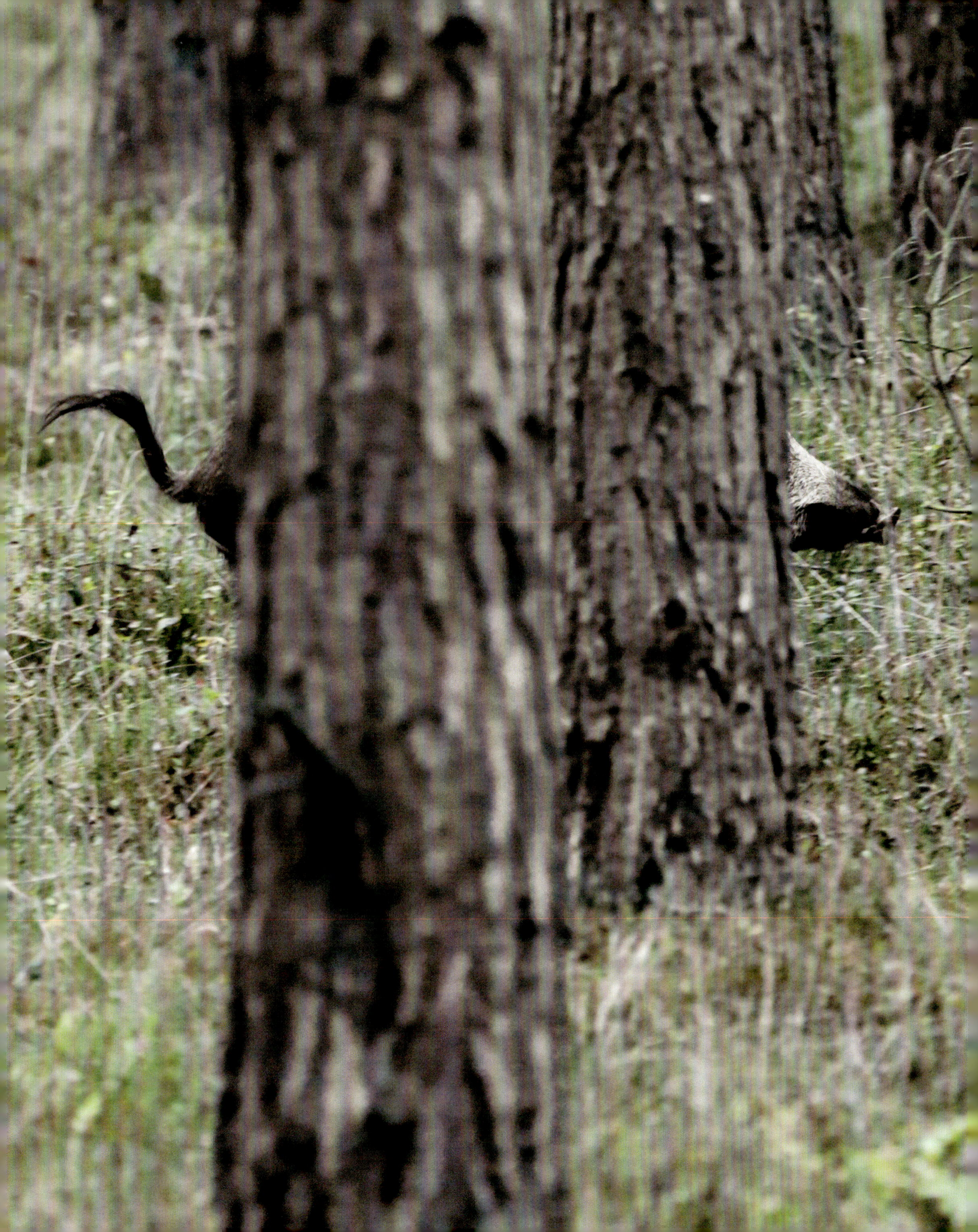

L – Jägerpech: Baum – Sau – Baum – Schuss ... – Baum!

O – Nicht gleich auf das erste Stück Schwarzwild schießen ...

U – ... meist folgen ihm noch weitere.

Kapitel 3

Mitten drin

Hinter den Hunden

Hunde und ihre Führer sind die Arbeiter »hinter den Kulissen« einer Bewegungsjagd – oder besser gesagt: Sie sind mittendrin. Mitten im Treiben. Nah am Geschehen. Nah am Wild. Sie kämpfen sich durch die Einstände aus dichtem Gezweig und stachelbewehrten Brombeerverhauen. Steile Hänge und bürstendichte Dickungen meistern die Rüdemänner und ihre Hunde mit großer Passion. Schnee, Eis oder Regen sind keine Hindernisse, sondern Herausforderungen. Nur ein Ziel haben die Gespanne vor Augen: das Wild aufmachen, aus seinen Einständen treiben, den anstehenden Schützen vor die Büchse bringen. Endlich von der Koppel, suchen die Hunde mit tiefer Nase nach frischen Fährten. Haben sie gefunden, ertönt ihr Laut. Der Puls des Hundeführers steigt und er weiß: »Jetzt sind wir dran – mittendrin!«

Terrier, Bracken und Wachtelhunde verwandeln den Forst in einen Konzertsaal. Tief und rau zerreißt ihr kräftiges Geläut die Waldesstille. Während die Standschützen in Seelenruhe den Laut verfolgen und sich auf anwechselndes Wild vorbereiten, geht das Treiben im Treiben erst richtig los. Zuerst verlässt das Rotwild seinen schützenden Einstand. Rehwild sucht sein Heil in kurzen Fluchten von Deckung zu Deckung. Ein Alttier kreuzt den Weg eines Hundeführers. Panisch versucht es, der Bedrohung durch einen mächtigen Sprung zu entkommen. Dem Treiberschützen stockt fast der Atem, als das Tier in Sekundenschnelle nur wenige Schritte vor ihm wie ein Senkrechtstarter emporsteigt. Ein Anblick, den man nur im Treiben hat. Nur mittendrin.

Eiligen Schrittes hastet ein Rüdemann hinter der Meute her. Er muss dranbleiben. Ausdauer ist jetzt gefragt. Bei Hund und Mann. In der Ferne fallen Schüsse gleich Paukenschlägen in das Konzert der jagenden Vierläufer ein – Applaus für die Hundearbeit. Die ersten Schwarzkittel kommen zur Strecke. Terrier kämpfen hartnäckig im Einstand. Schon eine Viertelstunde geben sie Standlaut. Doch das Wild steckt beharrlich im Dickicht. Keinen Zentimeter Boden will es den kleinen unverschämten Kläffern preisgeben. Nur noch wenige Schritte ist der

Hundeführer von seinen Kameraden entfernt. Sie spüren seine Nähe und werden mutiger. Kurze Attacken sollen die Sauen auf die Läufe bringen. Vor dem Hundeführer bewegt sich der Bail unter dem Brombeerverhau hin und her. Er kann sich noch keinen Überblick verschaffen. Ein Terrier ist hart dran. Erst als weitere Hunde beischlagen, kommt Bewegung in die Sache.

Die Vierläufer haben die Sau zum Rücken gezwungen. Der Schwarzkittel ist weidwund getroffen. An einen Fangschuss ist nicht zu denken: Zu groß ist die Gefahr, einen der tapferen Hunde zu gefährden. Adrenalin wird durch die Adern des Hundeführers gespült. Sein Blick ist scharf auf den Bail gerichtet. Nur ein kühler Kopf weiß die Situation sekundenschnell einzuschätzen und entsprechend zu handeln. Noch bevor die Blankwaffe zum Fangstoß gezogen ist, versetzt die Sau einem der Terrier einen gewaltigen Schlag und versucht, ihren giftigen Verfolgern zu entkommen. Die wilde Jagd beginnt. Über Waldwege, durch Stangenhölzer bis in einen Hochwald. Hundegeläut und Schüsse hallen durch die Bestände. Lauthals hetzen die Vierläufer dem kranken Überläufer nach. Immer wieder peilt der Hundeführer die Lage. Wo jagen die Hunde? Wo sind die Schützen? Wieder Standlaut. Klagen der Sau. Die Vierläufer haben das Stück gebunden.

Nur noch ein paar Meter. Über Brombeerranken und Totholz, die Büchse fest in der Rechten. Der Puls rast. Noch sind die Hunde zu dicht dran am Schwarzkittel. Als der einen Ausfall gegen seine Bedränger macht, wird der Abstand zwischen Hunden und Sau groß genug. Jetzt gilt es! Das Umfeld ist frei – keine Jäger, keine anderen Hunde –, der Rüdemann reagiert blitzschnell. Repetieren und in-Anschlag-Gehen sind fast eins. Im Sekundenbruchteil fasst das grobe Korn die Kammer des Kujels. Ein Schuss aus nächster Nähe setzt dem Leiden ein schnelles Ende. Die Spannung löst sich, Freude und Glück durchfluten den Rüdemann. Glück, dass seinen Hunden nichts passiert ist – Freude darüber, den kranken Wutz schnellstmöglich erlöst zu haben. Momente und Gefühle, die nur der erlebt, der hautnah dabei ist – mittendrin!

O — Alle Schützen stehen. Jetzt kommen die Anhänger mit den Hunden.

U — Eifrig und voller Passion hängen die Jagdhelfer in der Koppel.

Jagdterrier und Wachtelhunde – die Mischung macht's.

Der dichte Brombeerverhau verlangt dem Laufhund einiges ab.

Mit tiefer Nase auf frischer Fährte – auch unter Vorstehhunden gibt es gute Stöberer.

O – Rotwild bleibt selbst auf der Flucht oft eng zusammen. Das erhöht die Chancen, heil aus dem Treiben zu kommen.

U – In hohen Fluchten geht das einzelne Stück Rotwild über die Schneise.

R – Erkannt! Das Alttier hat den Fotografen wahrgenommen und wirft sich im »Schuss« herum.

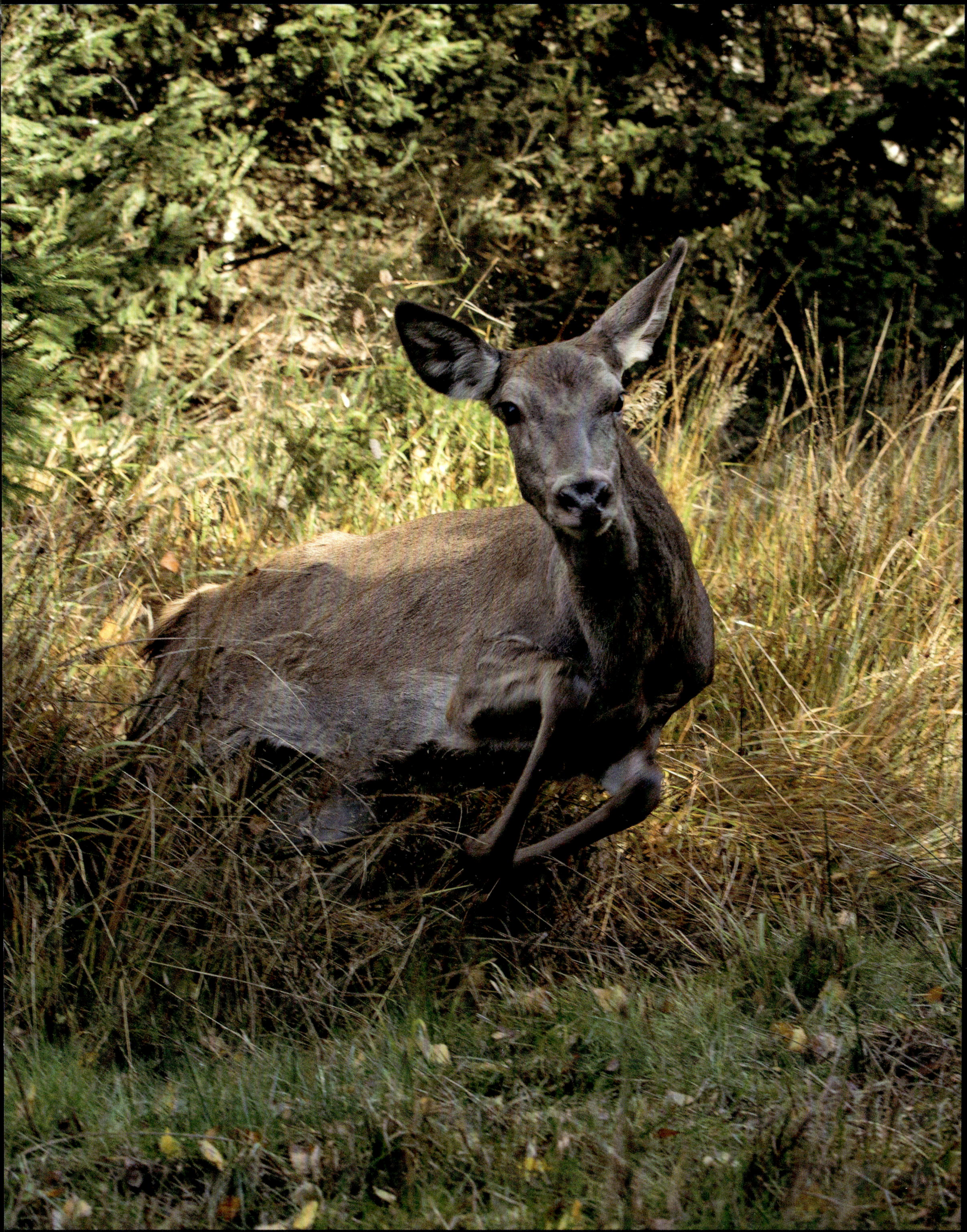

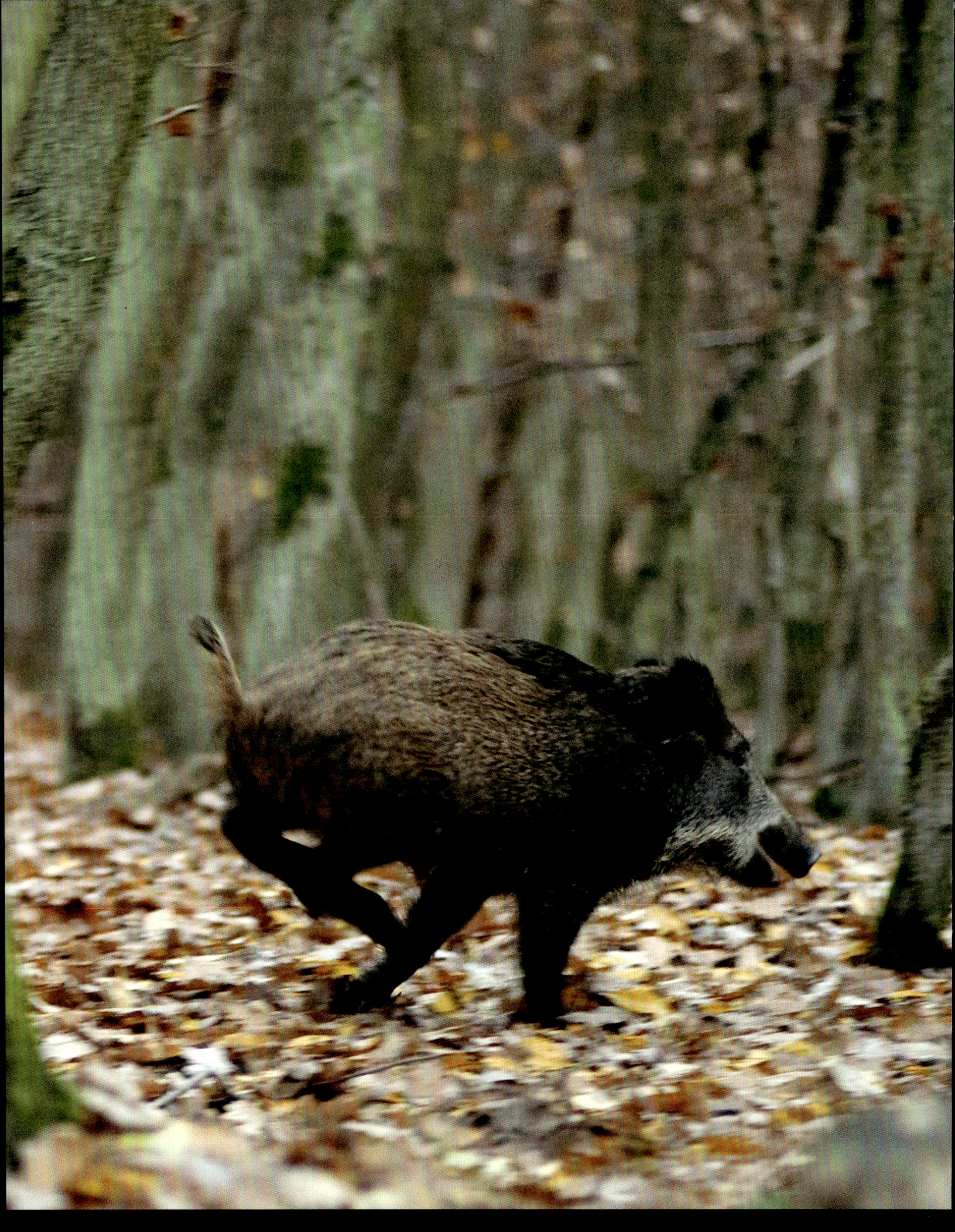

L – Der Frischling hat schon eine Kugel bekommen. Trotzdem wechselt er flott durchs Stangenholz.

O – Die beiden Hunde sind auf der Wundfährte und lassen nicht locker ...

U – ... bis sie den Frischling eingeholt haben und konsequent binden.

Suchen und finden

Sie sind wildscharf, ausdauernd und absolute Teamspieler. Darüber hinaus auf der Bewegungsjagd nahezu unverzichtbar: Drückjagdmeuten. Mit der klassischen Meutejagd haben sie nicht mehr viel gemein. Die Hunde sind keine Finder und Packer mehr, bei denen ein oder zwei Vierläufer die Stücke finden und der Rest der »Sauhunde« beischlägt, um den Schwarzkittel so lange zu binden, bis sie der Rüdemann abfängt. Diese Art der Hetzjagd ist weder zeitgemäß noch legal.

Gewisse Finderqualitäten werden jedoch auch den »Durchgeherhunden« abverlangt. So besteht eine gut strukturierte moderne Drückjagdmeute aus einer ausgewogenen Zahl weit- und kurzjagender sowie hoch- und niederläufiger Jagdgebrauchshunde.

In der Tiefe und Breite sollen sie das Gelände absuchen. Bei Wildkontakt die Rotten sprengen und einzeln vor die Schützen bringen. Sie alle müssen in der Lage sein, mit tiefer Nase das Wild zu suchen, zu finden und lauthals zu jagen. Während die weitjagenden und häufig hochläufigeren Meutemitglieder das Treiben bereits frühzeitig in der Tiefe beunruhigen, sind es häufig ihre kurzjagenden und niederläufigen Kameraden, die einzelne versprengte Stücke finden und in Bewegung bringen. Einer von ihnen ist »Peppi«. Ein Deutscher Jagdterrier. Die Hündin jagt zusammen mit anderen Terriern und Wachtelhunden. Im dichtesten Einstand ist sie in ihrem Element. Bisher ist noch jede Sau vor ihr geflüchtet – früher oder später. Unermüdlich jagt sie stets im überschaubaren Umfeld ihres Führers. Schon oft hat „Peppi" bereits während des Treibens kranke, eingeschobene Stücke gefunden und so lange gestellt, bis ihr Führer das kranke Stück erlösen konnte.

Narben und Furchen sind „Peppis" unverwechselbare Erkennungszeichen. Ihr Gesicht erzählt Geschichten. Von wilden Rangeleien mit dem angeschossenen Fuchs unter Tage. Vom zähen Ringen mit den Sauen, die hartnäckig ihre Bleibe verteidigten. Die kleine Terrierhündin ist so etwas wie die Spielführerin ihrer Mannschaft. Wo sie läuft, ist vorne. Gibt sie Standlaut, ist sie zu hundert Prozent am Wild. Ist sie auf einer Fährte, hängt sie ihr so lange nach, bis sie das Wild gefunden hat, jagt es kurz an und sucht ständig Kontakt zu ihrem Herrn. Und der weiß: „Auf ‚Peppi' kann ich mich hundertprozentig verlassen."

Ausgiebig beutelt »Peppi« ihre Beute. Lohn für eine erfolgreiche Arbeit.

Laut klatschend geht der Treiber durch das Holz.

Vor den Treibern arbeiten kurz jagende und spurlaute Wachtelhunde.

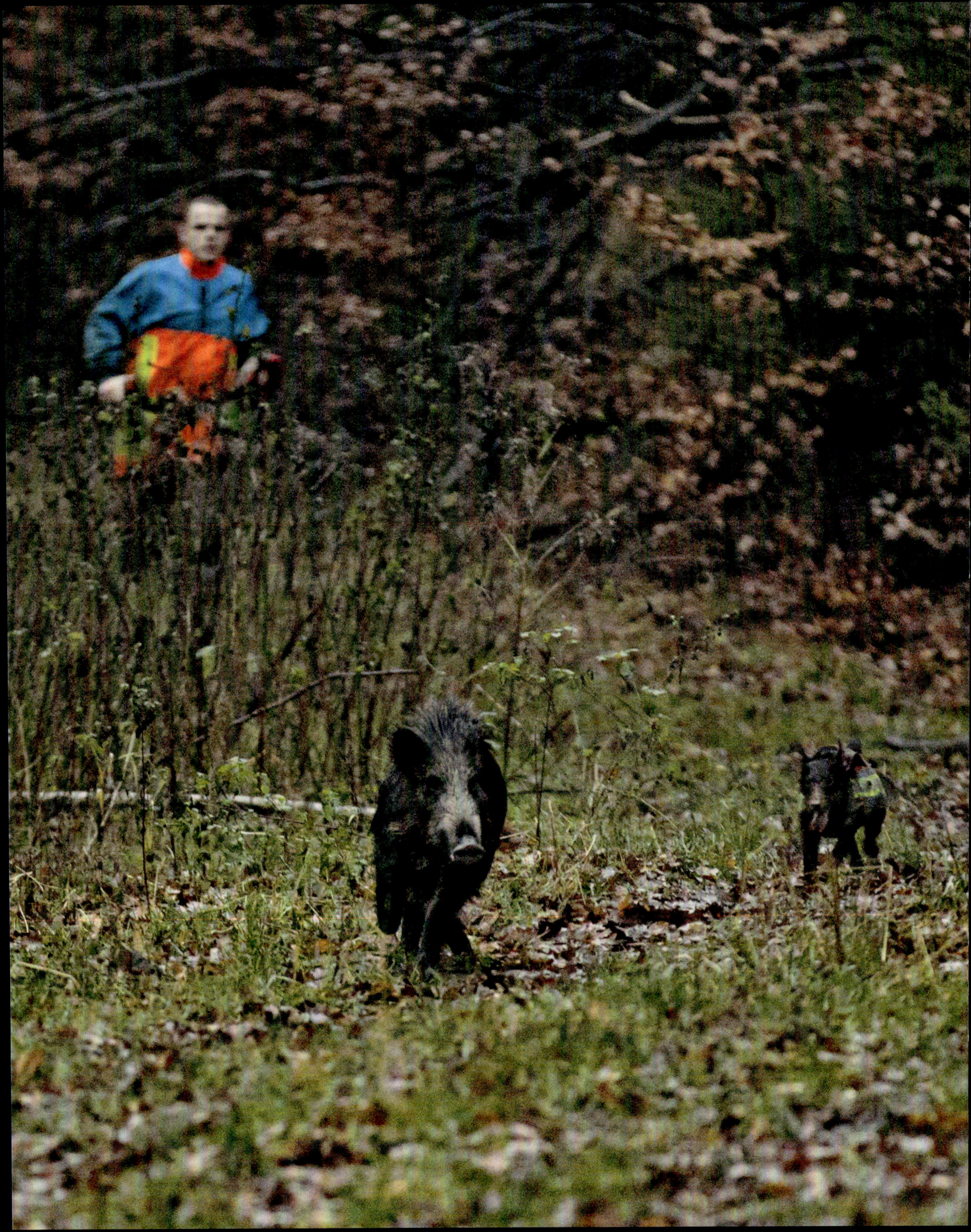

L – »Herrchen, komm mit, da ist der Stinker!« Lauthals folgt der Terrier einem weidwunden Frischling.

O – Nur noch eine kurze Wendung …

U – …und der Bail steht.

O – Der Hundeführer eilt herbei ...

U – ...und setzt schnell den Fangschuss.

»Gut gemacht, Kleine!« Jetzt erst einmal schauen, ob die Hündin unversehrt ist.

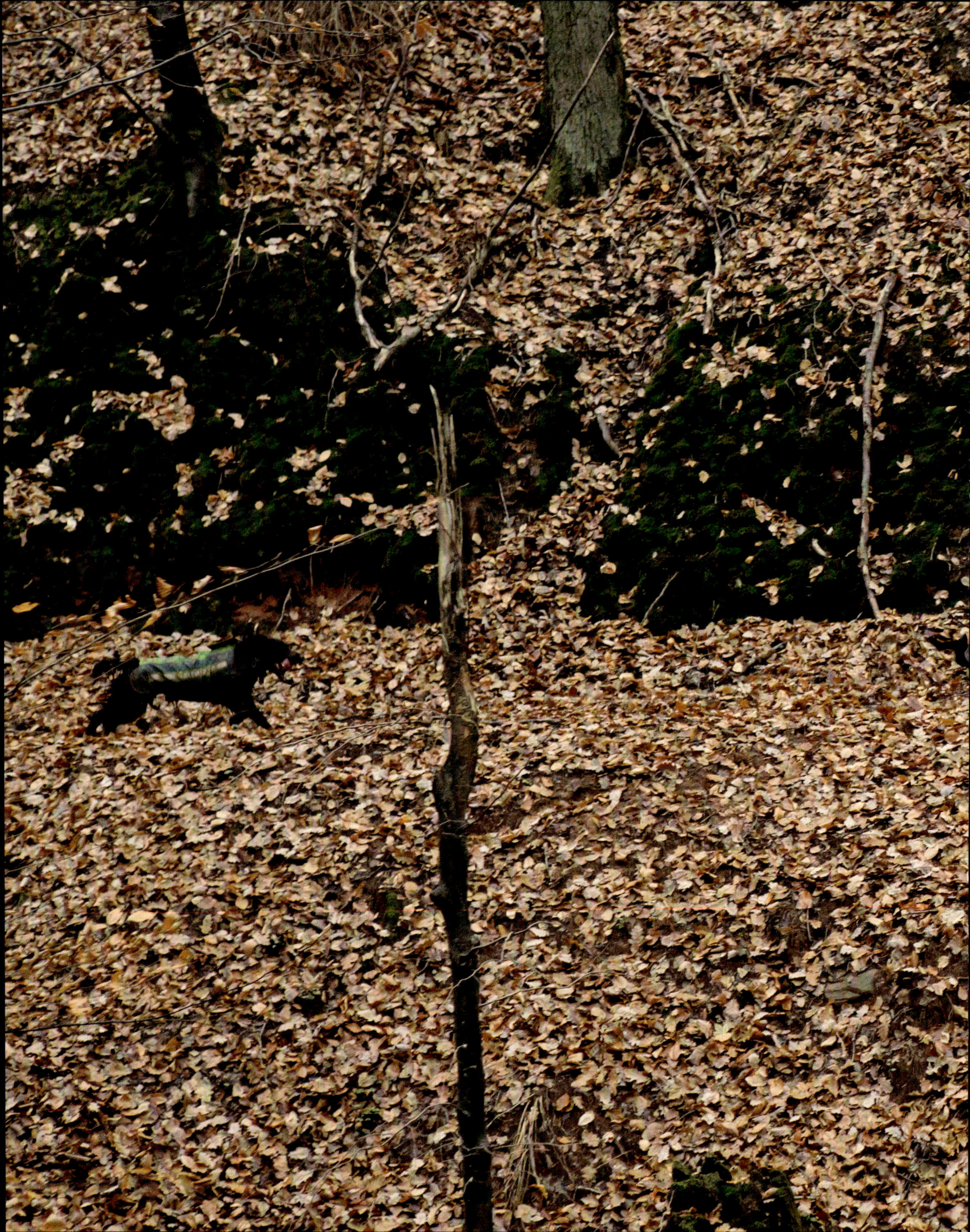

Die Hunde haben den Keiler gefunden und jagen ihm vielstimmig hinterher.

Die bunte Schar hat den Bassen so lange beschäftigt, bis ihr Führer aufschließen kann.

Jetzt wird es ernst. Ermutigt durch die Nähe ihres Herrn bleiben die Hunde hartnäckig an der Sau.

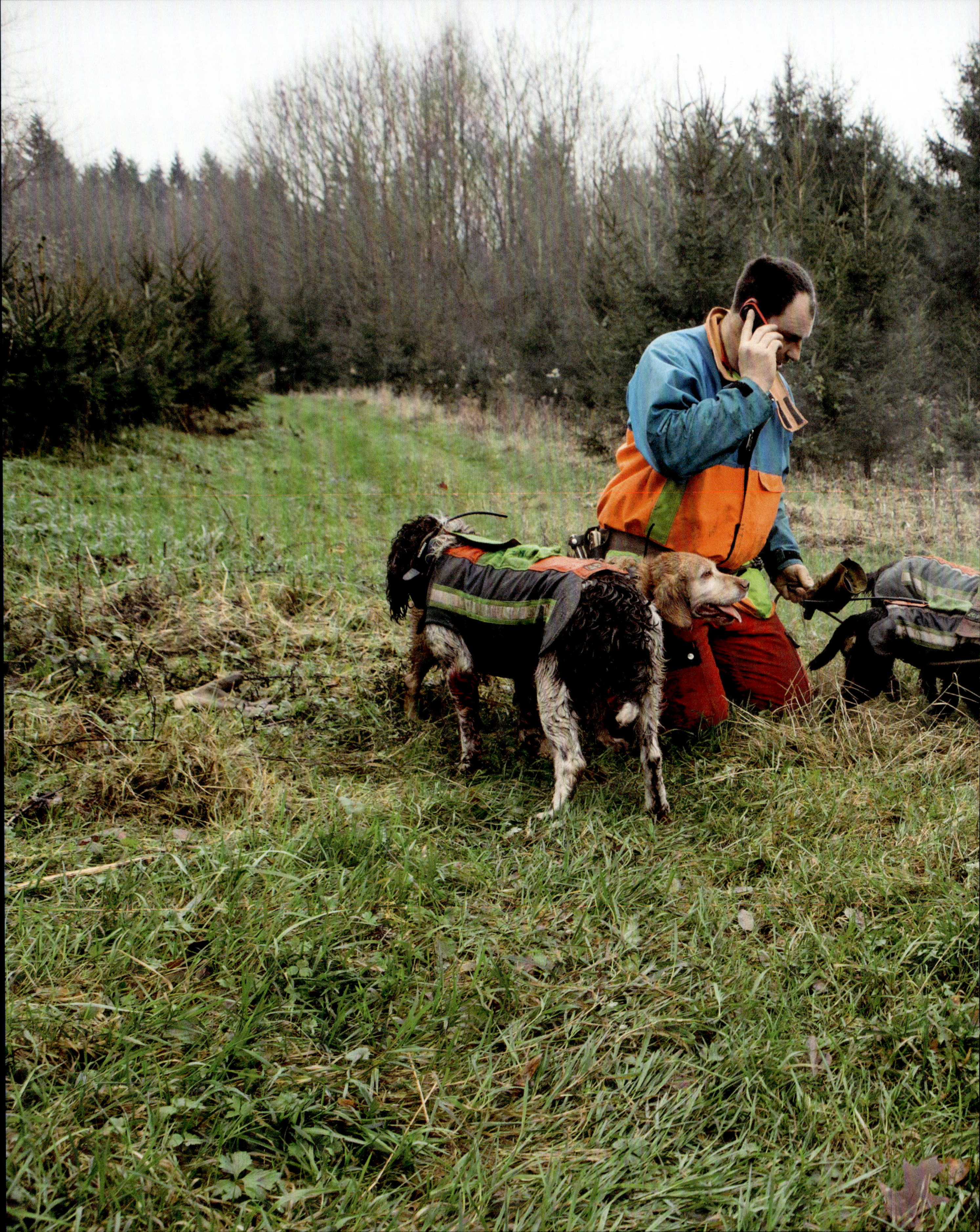

Kurze Rast im Treiben. Per Handy stimmt man sich mit den anderen Hundeführern ab.

Solojäger – Auge in Auge mit der Sau

Aus der Ferne ertönt Hundelaut. Bereits ein Dutzend Schüsse sind gefallen. Seit einer guten halben Stunde ist Martins Wachtelhündin unterwegs. Kurz nach Beginn des Treibens vom Stand geschnallt, nahm sie sofort die Verjüngung an und wurde laut. »Bestimmt Rehwild«, dachte Martin. Der Forstmann kennt seinen Vierläufer genau. Aus tausend Hundekehlen hört er die seiner Hündin heraus. Am Klang kann er meist zuverlässig erkennen, an welcher Wildart »Paula« gerade jagt. Ist er kurz, tief und rau, verfolgt sie mit großer Sicherheit Sau oder Fuchs. Ist ihr Spurlaut eine ganze Oktave höher, ist die Hündin meist auf einer Rehwildfährte. »Paula« ist ein Solojäger. Vom Stand geschnallt stöbert sie ohne ihren Führer die umliegenden Einstände durch. Schon oft hat sie dabei das Wild direkt vor Martins Büchse gejagt. Heute läuft es anscheinend etwas anders. Kurz nachdem die Hündin laut wurde, war sie weg. »Na wenn schon, sie wird das Stück schon einem anderen Jäger bringen.« Martin bleibt gelassen.

Wieder reihen sich mehrere Büchsenschüsse hintereinander. Stetig ist Hundelaut zu vernehmen. Er kommt näher. Dann wieder Stille. Martin steht auf, macht sich fertig. Seine Rechte umfasst den 98er fester. In Bereitschaft ruht der Daumen an der senkrecht stehenden Flügelsicherung der Büchse. Dem Verlauf des Lautes und den Schüssen nach zu urteilen, wird es hier bald rund gehen. »Vielleicht ist es Paula«, denkt sich der Jäger und muss dann innerlich etwas über sich selbst schmunzeln. Doch das heimliche Grinsen währt nicht lange. Martin ist überzeugt: » Sie ist es bestimmt!« Zu gut kennt er die markante Stimme seiner Hündin.

Jetzt schlägt der Spurlaut um, wird aggressiver, bleibt an einer Stelle – knapp 50 Meter vom Drückjagdstand entfernt, in der Dickung. Nun mischt sich der Laut eines zweiten Hundes ein. Eine gute Viertelstunde geht der Keif hin und her. »Paulas« Laut ist eindeutig. Martin ahnt, dass sie im Gerangel mit einem Schwarzkittel ist. Als nach weiteren fünf Minuten keine Bewegung in den »Stellungskampf« kommt, beschließt der Förster, den Standlaut anzugehen.

Gefahr durch andere Schützen droht ihm dabei nicht. Die Stände der vom Stand schnallenden Hundeführer sind so positioniert, dass sie jederzeit einen Bail im näheren Umfeld angehen können, um ihre Hunde zu unterstützen. Im dichten Brombeerverhau durchfährt es Martin plötzlich wie einen Stromstoß. Zwei große Lichter starren ihn an. Knapp vor ihm sitzt ein Überläufer und klappert bedrohlich mit dem Gebrech. Er scheint verwundet zu sein. Die Hunde halten ihn im Schach. Mit dabei: »Paula«. Jetzt heißt es handeln!

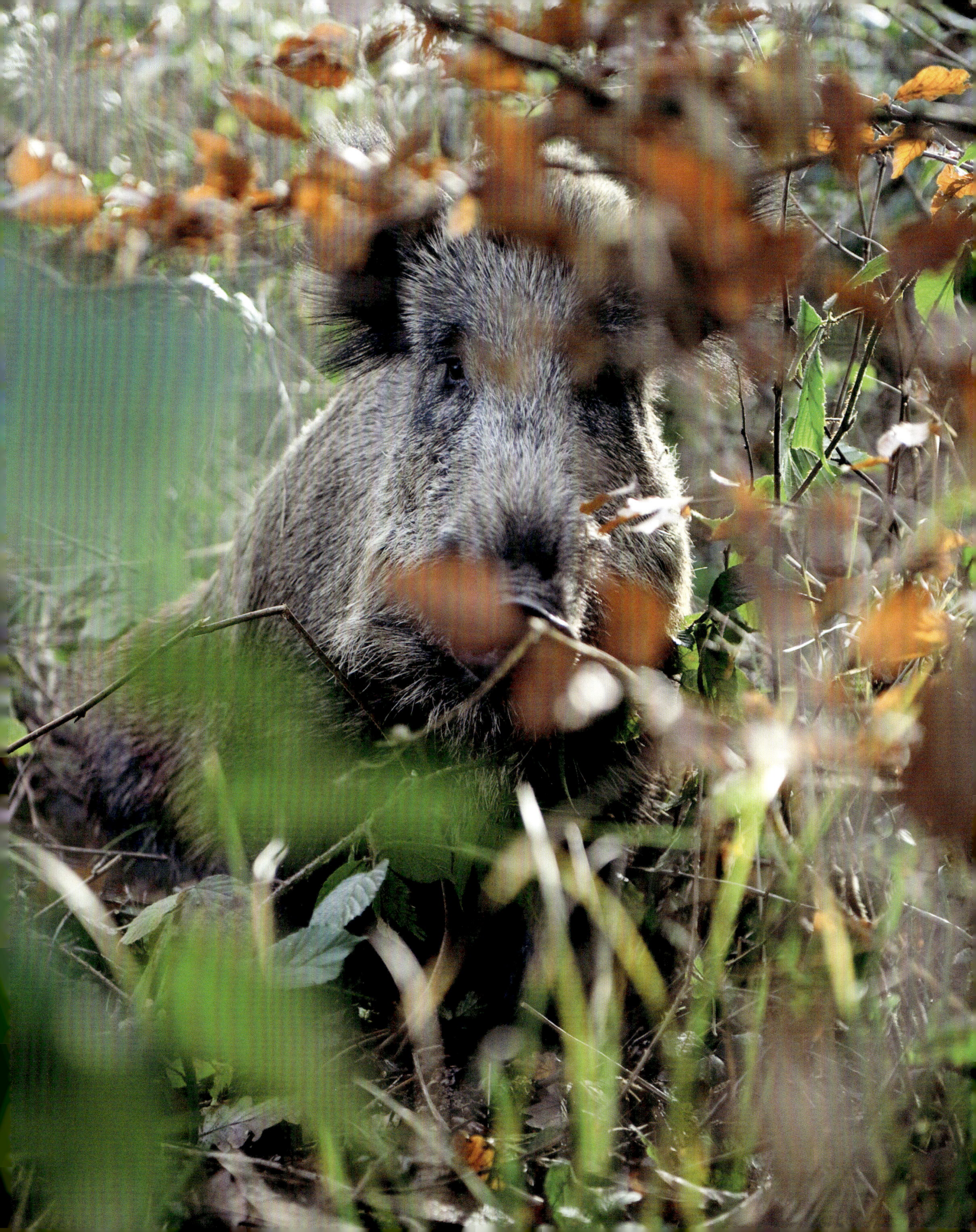

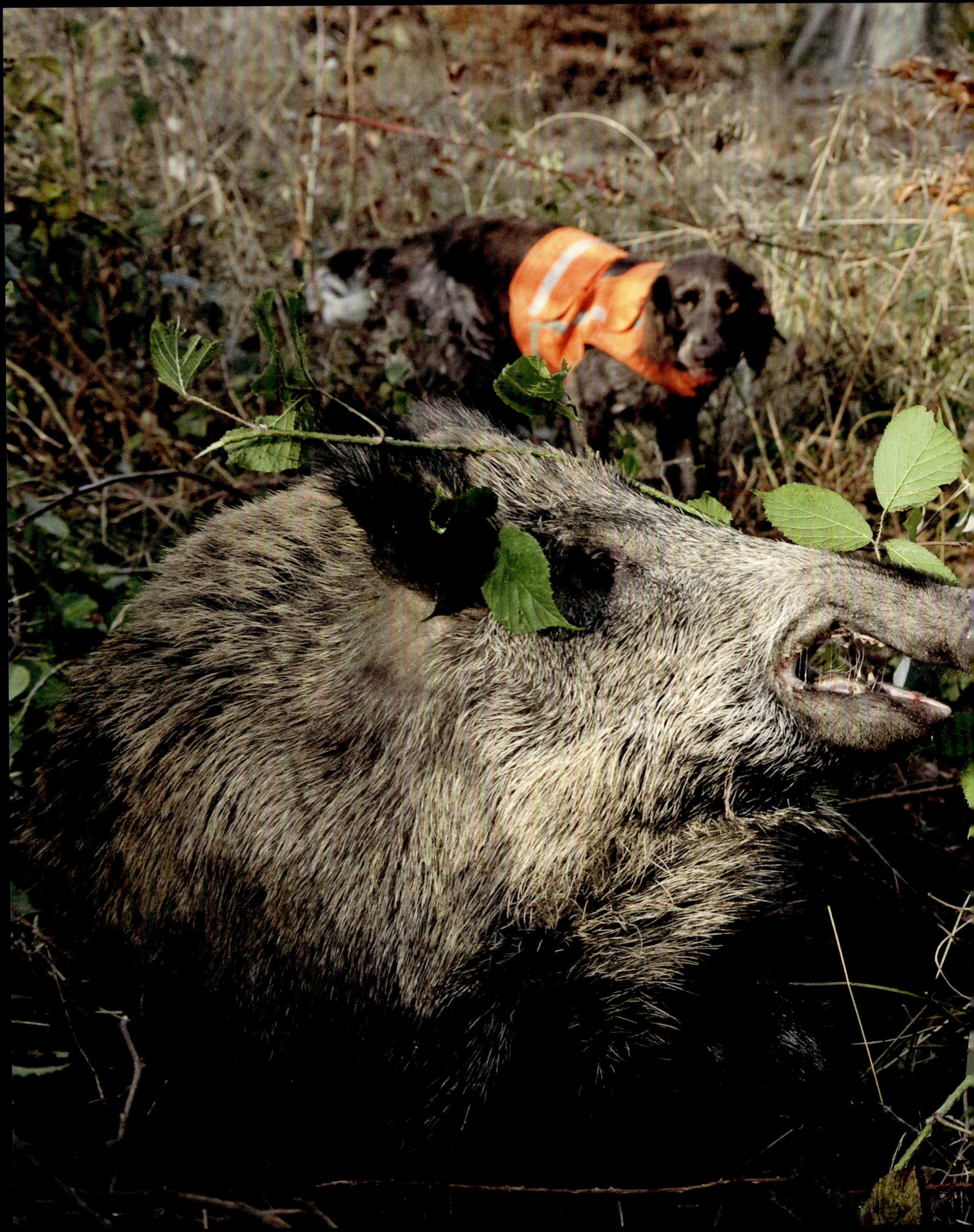

Den feinen Nasen der Wachtelhunde ist die Sau nicht entgangen.

Standlaut – »Paula« ruft ihren Herrn zur Hilfe.

O – Beherzt heran und abgefangen

U – Totenwacht am gestreckten Stück

O — »Wo bleibt der Boss …?«

U — Der krabbelt noch auf allen Vieren durch den Busch.

O – Geschafft – Schluss für heute!

U – Die Kleidung verrät, welches Gelände die Treiber bewältigen mussten.

Kapitel 4

Nach der Jagd

Hahn in Ruh'

Hahn in Ruh'. Eineinhalb Stunden Drückjagd sind vorbei. Jetzt heißt es, Waffe entladen und einpacken. Hundeführer, Treiber und Schützen zieht es zum wärmenden Feuer am Streckenplatz. Der eine oder andere vermisst noch seinen vierläufigen Kameraden. Hunde kennen keine Uhr und auch kein Hornsignal. Sie wissen nicht, was Hahn in Ruh' bedeutet. Und selbst wenn sie es wüssten, würden sie deswegen kaum von der verlockenden warmen Fährte des Wildes lassen und zurückkehren. Wozu? Viel zu groß ist ihre Passion, dem Wilde nachzuhängen, es über Berg und Tal zu verfolgen, bis es schließlich zur Strecke kommt.

Gerade erst hatte »Watz« die verlockende Fährte eines Schwarzkittels gefunden, sie zielstrebig ausgearbeitet, die Sau gestellt und mit aller Kraft in Bewegung gebracht. Noch immer jagt er hart an ihr. Der arme Hund weiß nicht, dass keine Büchse mehr im Wald ist, die der wilden Jagd ein erfolgreiches Ende bereiten könnte. Also jagt er weiter. So, wie man es ihm beigebracht hat und wie man es von ihm erwartet.

Bei seinem Führer setzt derweil Unruhe ein. »Wo mag ›Watz‹ nur stecken?« Sorgen kreisen im Kopf des Wartenden. Sekunden werden zu Minuten. Minuten zu gefühlten Stunden. Gedanken, die nur der versteht, der es einmal selbst erlebt hat, der stunden- oder auch tagelang nach einer Jagd auf seinen treuen Jagdhund warten musste. Manchmal leider auch vergeblich.

Moderne Technik kann keine Wunder vollbringen. In tiefen Tälern funktionieren die Hundeortungssysteme nicht immer zuverlässig. Ist der Hund zu weit weg, erreichen die Signale seines Senders nicht mehr das Empfangsgerät des Hundeführers. Vielleicht ist oben auf dem Berg der Empfang besser, vielleicht ist dort mehr Überblick. Mit dem Auto geht es schnell zum höchsten Punkt des Jagdbogens. Immer wieder suchen die Augen die Wegränder und Bestände ab. Regelmäßig befragt der Rüdemann abmarschierende Jäger, ob sie seinen Hund gesehen haben. Plötzlich erscheint am Horizont ein dunkler Punkt, der immer größer wird. »Watz« – es ist »Watz«! Er ist zurück! Ausgiebig wird der Hund abgeliebelt, nach Blessuren abgesucht und mit einem leckeren Happen und frischem Wasser belohnt. Für Hund und Führer ist die Arbeit jetzt getan.

Anders sieht es bei den Standschützen aus. Wer viel Waidmannsheil hatte, hat jetzt alle Hände voll zu tun. Leicht und schnell ist das erlegte Kitz zum Weg gebracht. Der Schwarzkittel hingegen kann jetzt rasch an gefühltem Gewicht zulegen. Je nachdem, wo er liegt und wie weit und steil nach oben er geschleppt werden muss. Mit jedem Meter scheint der 30-Kilo-Frischling ein ganzes Stück schwerer zu werden. »Warum musste er auch in den Graben fallen? Wieso hab ich nicht gewartet, ihn näherkommen lassen?« – Gedanken, die dem Jäger jetzt durch den Kopf schießen, auf die er aber wohl nie eine Antwort findet.

Überglücklich ist der Jungjäger. Es hat geklappt. Sein erstes Stück Schwarzwild liegt. Voller Euphorie und Tatendrang scheint der frischgebackene Saujäger über seine Kräfte hinauszuwachsen. Er will zum Streckenplatz. Möglichst schnell will er seinen Kameraden die Beute präsentieren. Ein Bild, fix mit dem Handy aufgenommen, hat er ihnen bereits geschickt. Jetzt sollen sie aber sobald wie möglich auch seine Geschichte dazu erfahren. Mit Stolz zieht er den knapp einen Zentner schweren Überläufer zum Weg. Erst morgen wird er wohl in Armen und Beinen spüren, wie schwer das Wutzerl gewesen ist.

Ansteller, Treiber und Erleger – alle packen an. Ein Abschuss-Hirsch ist zur Strecke gekommen. Vom Altholz, wo ihn die tödliche Kugel ereilte, war der Geweihte noch einige Meter ins Dichte geflüchtet. Wie dicht es dort ist, spüren die Männer gerade am eigenen Leib. Die Brombeerstacheln haben ihre Spuren an Oberschenkeln und Händen der Jäger hinterlassen. Unglaublich, wie sperrig das kurzstangige Geweih mit den acht Enden sein kann. Kaum sind die Männer einen Meter weiter gekommen, durchfährt sie regelmäßig ein gewaltiger Ruck. Der Hirsch hängt wieder fest. Nach einer halben Stunde ist das Werk vollbracht. Erleichterung steht den Jägern im Gesicht, als das Stück endlich im Anhänger gen Streckenplatz fährt. Innerhalb von Sekunden ist die Anstrengung vergessen. Die Freude am Erlebten und Erlegten überwiegt. Das ist es, warum wir jagen! Das ist Jagd, wie wir Jäger sie lieben!

Auf dem Weg zurück

Handy am Ohr und nachdenklicher Blick: Ein Hund fehlt noch.

Wo steckt »Watz«? Die Peilsender zeigen die Richtung an.

Glückliche Rückkehr. Der alte Kämpfer ist Gott sei Dank wieder da.

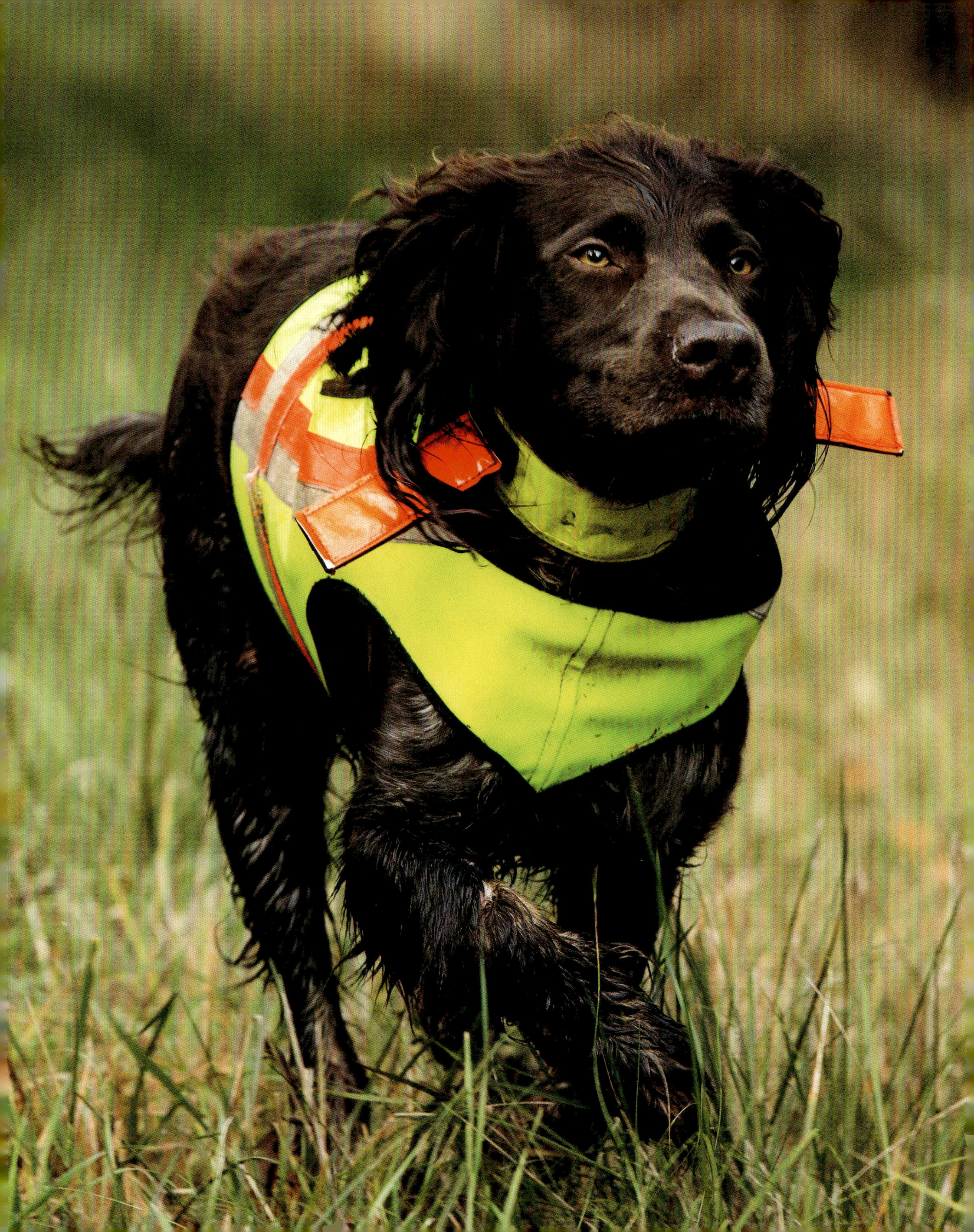

L — Nach weiträumiger Jagd sucht der Wachtelhund wieder Anschluss.

O — Von hoher Warte aus hofft der Hundeführer auf ein Signal.

U — Am frischen Quell. Erst mal was zu saufen.

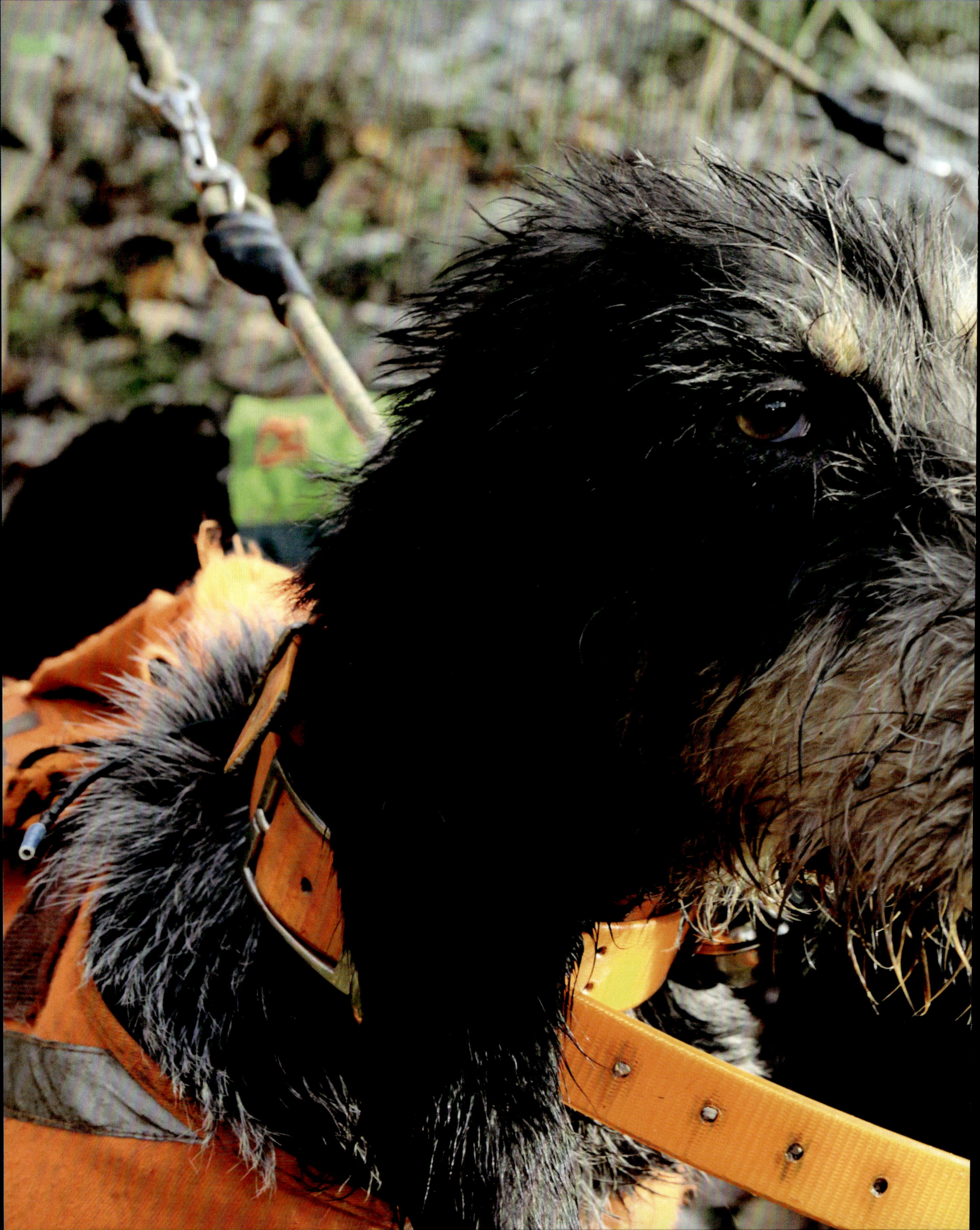

Müde und nass. Der Griffon Bleu und der Wachtelhund sind wieder an der Koppel.

Hirsch tot. Jetzt geht es ans Bergen.

chützen und Beute. Hier wird mit gemeinsamen Kräften eingesammelt.

Bergetrupp im Einsatz. Der Hund macht das Ziehen nicht leichter.

O – Noch während das Wild geborgen wird, ...

U – ...wechselt eine Sau an.

Auf der Suche. Noch immer fehlt einer aus der Mannschaft. Kein Hund wird zurückgelassen.

O — Auf der Ladefläche mit Hund und Beute

U — Schon jetzt werden die ersten Geschichten ausgetauscht.

An der Strecke

Die Korona ist verstummt. Noch vor wenigen Minuten erfüllten zahlreiche Gespräche zwischen den grün und orange gewandeten Waidmännern die Szenerie. »Wie war's? Hast du was erlegt?« – Unzählige Male hörte man diese Frage. »Zwei Sauen«, entgegnet ein Jäger seinem Gegenüber, »ein Frischling und diesen Keiler!« – »Der wird 100 Kilo haben und mindestens 18 Zentimeter lange Waffen. Waidmannsheil!«

Ein anderer hatte keinen Erfolg. Der Lauf seiner Büchse blieb heute blank. Doch auch er hat seine Freude an diesem rundum gelungenen Jagdtag. Im Fackelschein liegen Rotwild, Sauen, Rehe und Füchse zur Strecke. Auf Fichtenreisig gebettet, den letzten Bissen in Äser oder Gebrech. Die letzte Ehrerbietung des Jägers vor dem erlegten Geschöpf.

Doch es sind nicht immer nur die Momente des Erfolges, die eine Jagd unvergessen machen. Wo wäre der Reiz des Waidwerks, wenn es unweigerlich jedes Mal für Jedermann nur mit dem Schuss, dem Waidmannsheil, dem Erlegen verbunden wäre?

Der »erfolglose« Jäger ist glücklich. Er ist froh darüber, die Nerven behalten zu haben und darüber, dass er den Finger nicht gekrümmt hat. Fast wäre es zu spät gewesen. Als Keiler hatte er das flüchtige Stück angesprochen. Im letzten Moment erst hatte sich der vermeintliche Basse als führende Bache entpuppt. Der Jäger hat nicht geschossen. Jetzt freut er sich darüber, seine Leidenschaft unter Kontrolle gehabt zu haben. Wie wäre ihm wohl der Tag verdorben gewesen, wenn er doch geschossen hätte?

Sicher hätte er sich ebenso gefreut, wenn er ein Stück Wild geschossen hätte. Genauso, wie der Schütze, der den starken Keiler schoss und gerade den Erlegerbruch vom Jagdleiter entgegennimmt. Wie dieser hätte auch er gerne eine Trophäe mit nach Hause genommen. Als Erinnerung an einen rundum schönen Drückjagdtag. Doch auch er hat ein Andenken, das keiner sieht und keiner fühlt. Es sind die Bilder in seinem Kopf. Der Anblick des vermeintlich starken Keilers, als er aus dem Dickicht durch das Stangenholz flüchtete. Der Moment, in dem die Büchse an die Schulter flog und der Augenblick, als dem Jäger kurz vorm Abdrücken klar wurde: Nein, es ist kein Keiler! Bei jedem Gedanken an dieses Erlebnis bekommt der Jäger gleichzeitig Gänsehaut und Glücksgefühle. Er weiß, dass er heute alles richtig gemacht hat.

Wer nicht mit vollem Herzen jagt, wird die Freude dieses Mannes niemals verstehen können. Letztlich ist es keine Kunst, einem Stück Wild die Kugel anzutragen. Für den waidgerechten Jäger besteht die Kunst darin, die Kugel im richtigen Moment im Lauf zu lassen.

Sammeln aller Jäger am Streckenplatz

Hängend mit dem Haupt nach unten lässt sich der Muffelwidder sauber versorgen.

O – An der Strecke müssen beim Aufbrechen alle mit anpacken.

U – Brauchtum am erlegten Stück – der letzte Bissen

Wie war dein Tag? Am Streckenfeuer wird eifrig erzählt.

O – Waidmannsheil! Der Jagdleiter überreicht dem erfolgreichen Erleger den Schützenbruch.

U – Erlegerfreude. Der Bruch schmückt den Jagdhut.

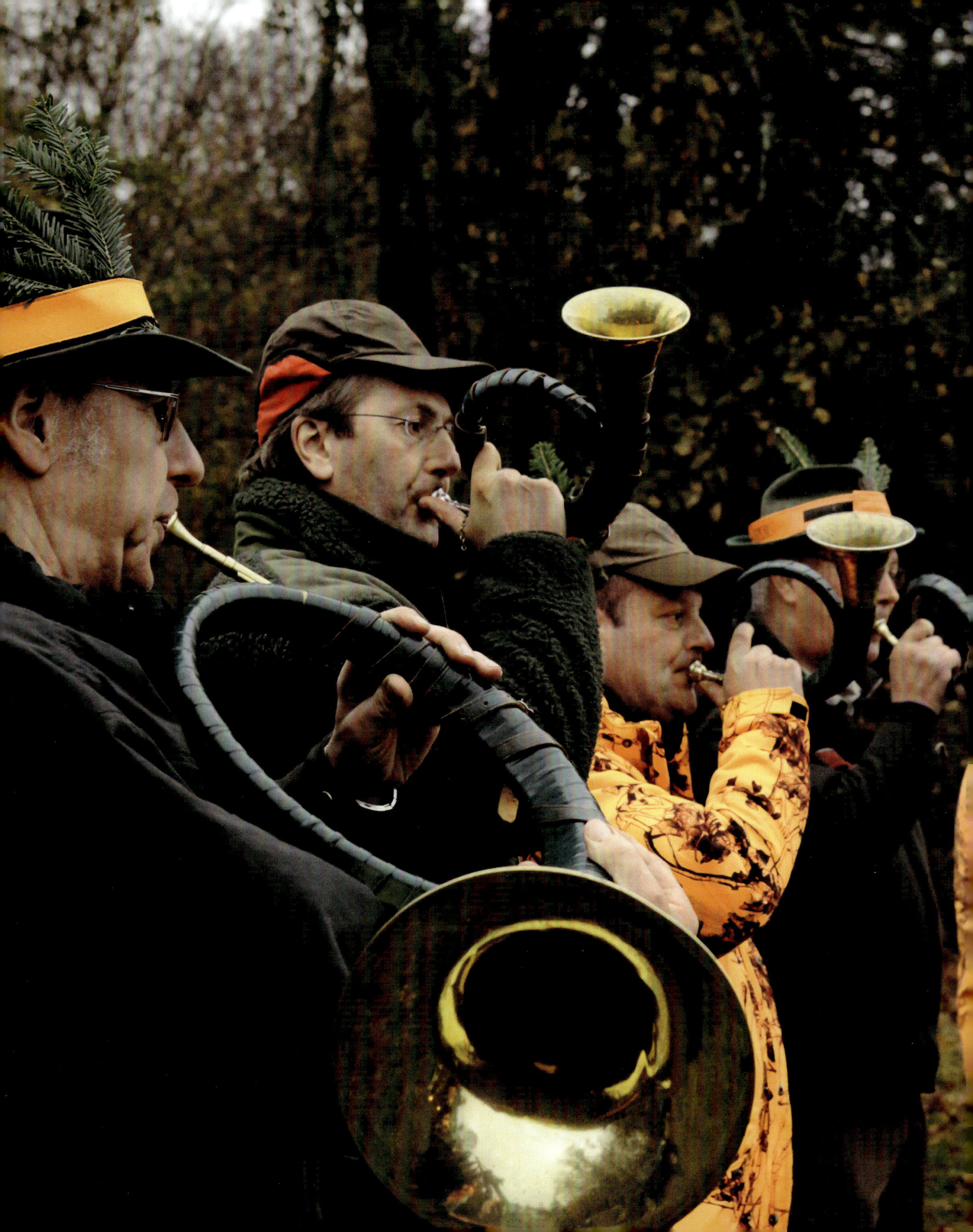

L — Jagd vorbei — Halali!

O — Immer noch ist etwas zu tun: Die Strecke kommt ins Kühlhaus.

Kapitel 5

Auf Nachsuche

Schweiß

Mahnmale der Leichtfertigkeit oder kostbare Perlen. Verheißungsvoll, weil sie zeigen, dass der Schuss getroffen hat; sorgenvoll, wenn das beschossene Stück Wild nicht liegt und auch nicht auf Anhieb zu finden ist. Da treten gestandene Männer von einem Bein aufs andere, und aus anfänglicher Euphorie wird die pure Verzweiflung. Kaum eine Flüssigkeit mag so unterschiedliche Regungen in einem Menschen hervorrufen, wie ein Tropfen Schweiß; er lässt ihn jubeln, beten, hoffen, verzagen, suchen und schlaflos wach liegen.

Manchmal verrät er dem Kundigen, was auf den nächsten Metern der Fährte kommen wird, oft lässt er einen einfach nur ratlos zurück.

Wenn er hell schaumig auf Gräsern und Blättern prangt, schlägt das wilde Herz freudig, das zuvor noch im Jagdfieber erbebte. Sie kann nicht weit sein, die Beute. Für jeden auch nur einigermaßen eingearbeiteten Hund ein Kinderspiel.

Selbiges Herz freut sich auch trügerisch bei viel hellem rotem Schweiß. Noch frohgemut zieht der Hund den Jäger in die Dickung auf der deutlich sichtbaren Wundfährte. Doch wenn der edle Freund im Bestand das Faseln anfängt, hin und her eilt, unkonzentriert die Nase hochnimmt, plötzlich einer Fährte folgt, die frisch einwechselndes Wild hinterließ, das die Wundfährte kreuzte, der Hund kreist und keinen Anschluss mehr findet, plötzlich kein Rot mehr das Auge des Jägers nährt, dann beginnt er langsam in den Gliedern hinaufzukriechen, der Zweifel.

Jetzt braucht's den firmen Hund, um an das Wild zu kommen, das sich durch des Jägers Schuld, Schlamperei, Hast, Gier oder Hitze wund in die Deckung schleppte. Da beginnt das Gewissen zu stechen, zieht in endlosen Wiederholungsschleifen die Schusssequenz im Hirn vorüber. Was sich zuvor in Sekunden entschied, muss jetzt in Stunden zu Ende gebracht werden; kostet Schweiß, zerkratzte Hände und Gesichter, schiebt Dreck und Nässe ins Genick, wird mit jedem Meter bitterer. Der Geschmack von Waidgerechtigkeit ist nur am Stammtisch süß. Waidgerechtigkeit brennt in den Muskeln, wenn die zweite Dickung und der Brombeerverhau durchquert sind und die Fährte plötzlich steil nach oben führt. Dann schreit der Teufel doch aufzugeben, weil sich so ein Stück sicher nicht finden lasse, außerdem fehle seit geraumer Zeit eine Bestätigung.

»Schweiß ist was für Idioten«, sagt der vortreffliche Brackenmann Hartmut Roth und schimpft den Gespannführer, der nach mehreren hundert Metern Suche seinen Meutegefährten mit seinem Zweifel verunsichert. Immer noch müht sich der feinnasige Hund, kaut und schnieft, sucht zu entschlüsseln, wohin die Flucht sich wendete. Wer betet da nicht wie der ungläubige Thomas um ein Zeichen und sei es auch nur ein ganz winziges, ein rotes Pünktchen, das wieder Stärke verleiht, das die Qual des Zweifels lindert und einen fortstürzen und kriechen lässt.

Die Routiniers der Schweißarbeit kümmert das nicht. Unverdrossen hängen sie dem Treuen nach: »Wo du hingehst, werde auch ich hingehen.« Vertrauen und Verständnis bringen Hund und Herrn voran. Irgendwann beginnt der Hund heftiger zu werden, fiept, liegt im Riemen, da bricht das Stück weg. Wenige Meter später das Wundbett – »hui« und da fliegt er davon mit hellem Hals, begleitet von den besten Wünschen und der Hoffnung, dass sie gleich wieder an der Beute zusammenfinden. Einige hundert Meter weiter dann das Tiefe »Hau, Hau« des Standlauts. Jetzt gilt 's – nur geschickt heran mit gutem Wind und pochendem Puls. Da steht der Bail und mit dem glücklichen Fangschuss quillt die Freude über. Absolution für den Schützen, der patzte, pures Glück für das erfolgreiche Gespann.

Nicht viel mehr als Tropfen roten Lebenssaftes waren es, die Jäger, Schützen und Gespannführer, zwischen Himmel und Hölle, Glück und Verzweiflung hin und her warfen.

Schweiß – wem er die Seele nicht bewegt, sondern nur ein Zeichen ist, dass man zwar getroffen hat, aber es eben jetzt nicht finden kann. Wenn das Gewissen nicht schreit, dass jetzt der ganze Kerl gefordert ist, der ist nicht vom rechten Holz und gar ohne Herz. Weil er nicht fühlt, und es ihn auch nicht formt, was das Rot auf dem Waldboden ihm zeigt. Da ist keine Liebe, aus der das Glück des Jägers wachsen kann.

Der Morgen danach. Ansteller und Nachsuchenführer koordinieren ihren Einsatz.

Am »Tatort«. Der Anschuss ist deutlich erkennbar markiert.

L — Stille Zwiesprache. Ein gutes Gespann braucht keine Worte.

R — Ein Himmelreich für einen Tropfen Schweiß!

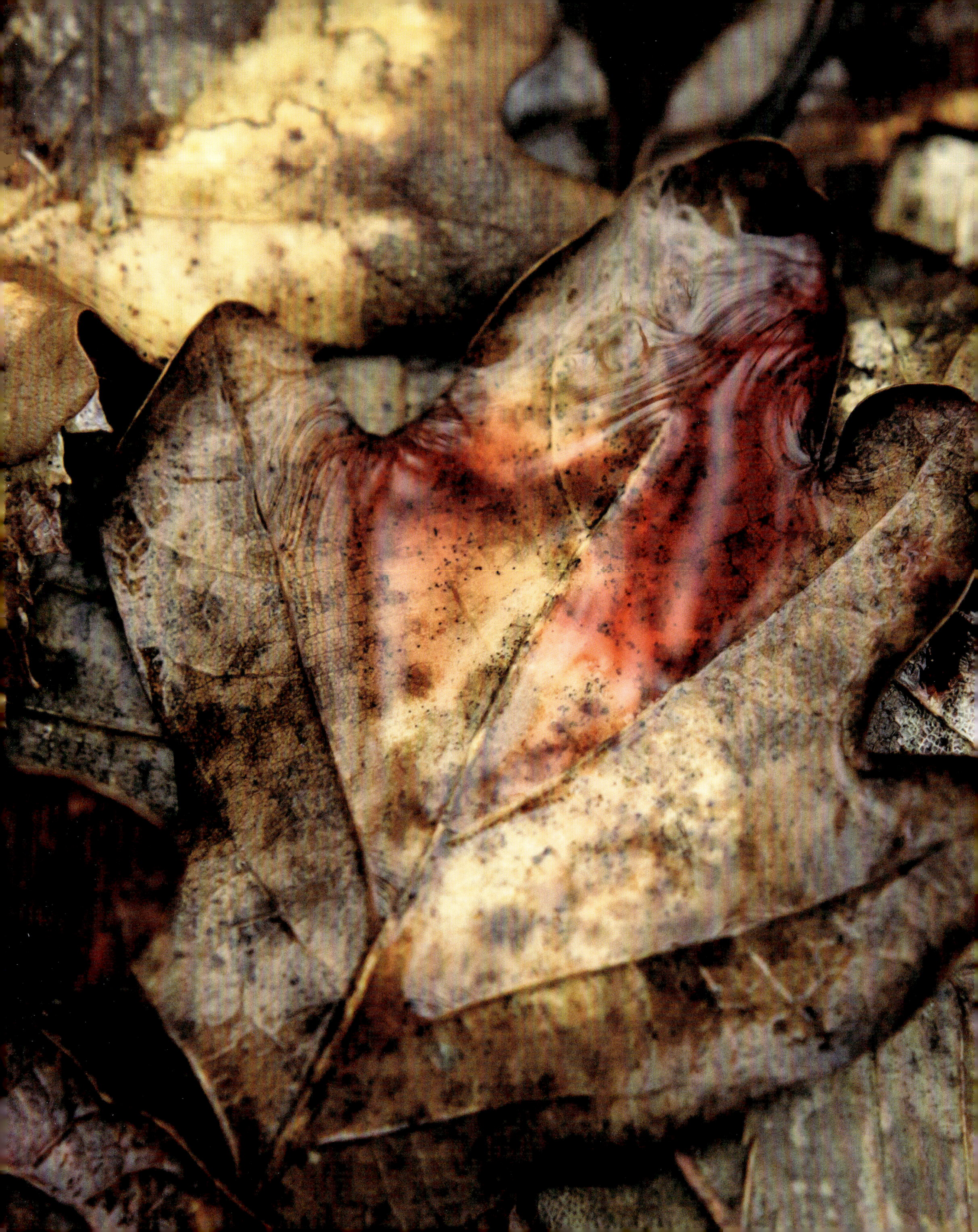

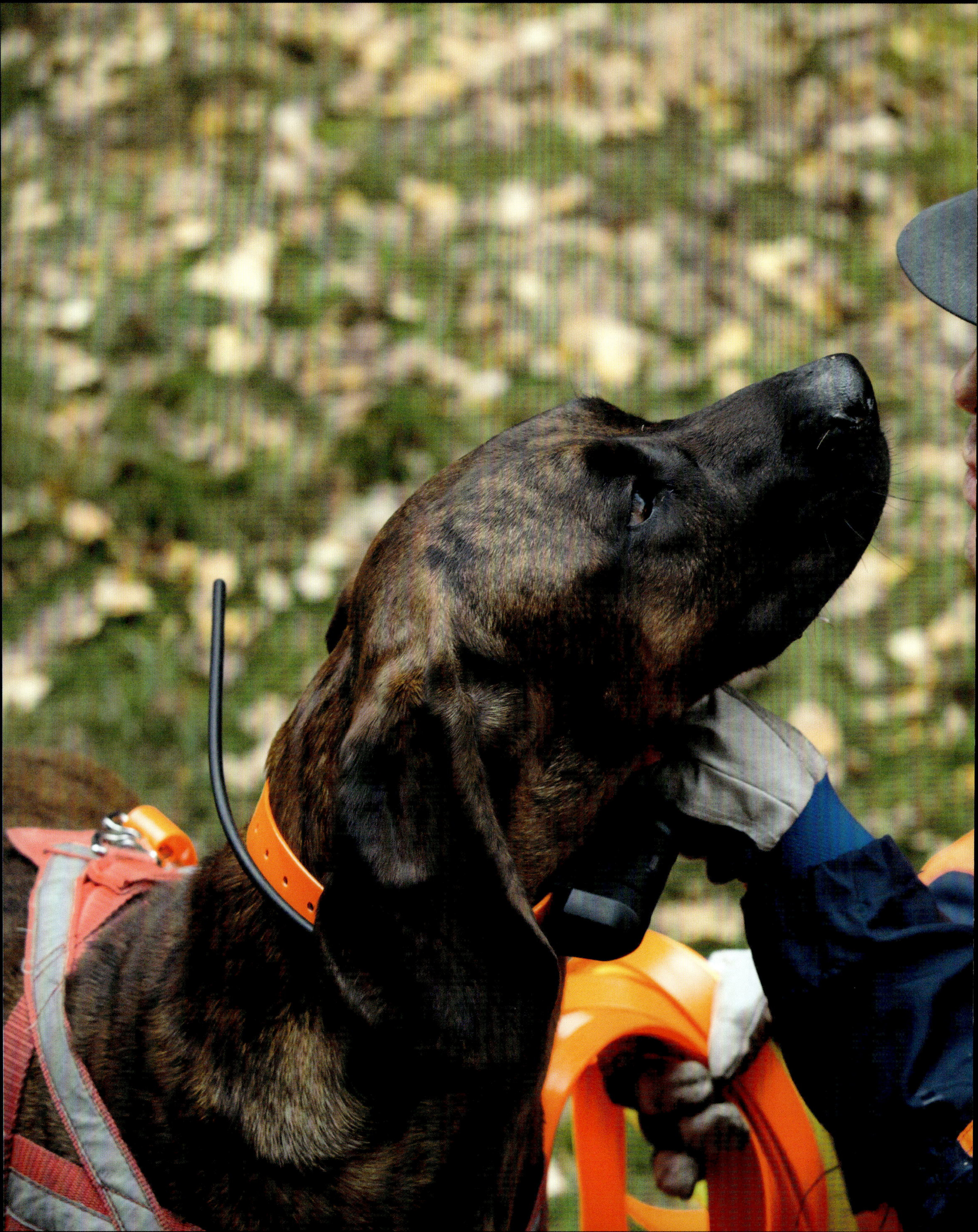

Bevor der Einsatz beginnt, wird noch einmal der Sitz der Halsung überprüft.

»Such verwund't!« Der Schweißhund hat die Fährte aufgenommen.

Deutlich ist der Fährtenverlauf im Laub zu sehen.

O – Die Sau hat einen Wassergraben durchronnen.

U – Nur kurz dahinter sitzt der gesuchte Überläuferkeiler im Wundbett und geht vor dem Gespann hoch.

n dichten Gezweig ist der Schweißhund heran und stellt den Schwarzkittel.

Glückliches Ende. Der Nachsuchenführer überreicht dem nachgezogenen Schützen den Erlegerbruch.

Der Schweißhund hat »sein« Stück in Besitz genommen.

Leithunderbe

Konzentriert arbeitet der hirschrote Hund auf der Wundfährte. Im letzten Treiben des Vortages wurde ein Alttier beschossen und flüchtete. Alles deutet auf einen Laufschuss hin. Jetzt ist der vierläufige Spezialist gefragt. Unbändiger Fährtenwille, Ausdauer und eine kompromisslose Wildschärfe sind hier nötig. Sie zeichnen den Hannoverschen Schweißhund aus, der das kranke Stück finden und stellen soll. Eigenschaften, die seinem Leithunderbe entspringen.

Dabei waren die Leithunde, aus denen später nahezu unverändert der Hannoversche Schweißhund gezüchtet wurde, im Mittelalter reine Spezialisten für die Arbeit auf der gesunden Fährte des Hochwildes. Von der Zeit Karls des Großen bis in die Mitte des 19. Jahrhunderts hatten sie die Aufgabe, am sogenannten Hänge- oder Leitseil die kalte Fährte eines einzelnen Keilers oder Rothirsches vorzusuchen, um das Stück in seinem Einstand zu bestätigen. Dort wurde der Hund dann abgetragen, und sein Führer musste nun dem Jagdherrn anhand der gefundenen hirschgerechten Zeichen wie Trittsiegeln, Losung oder Lagern über die Stärke des Geweihten oder des Bassen berichten. Daraufhin wurde das einzelne Stück mit Lancierhunden zu Stande gehetzt und abgefangen.

Die Führer dieser Leithunde waren die wichtigsten Waidmänner bei Hofe. Nur, wenn diese Gespanne sauber vorgesucht hatten, konnte die Jagd erfolgreich enden. Konzentriert mussten die Leithunde der bestimmten Fährte folgen. Wie ihre heutigen Nachfahren durften sie sich nicht durch die Witterung oder den Anblick anderen Wildes verleiten lassen.

Als die Feuerwaffen auf der Jagd Einzug hielten, änderten sich sowohl Jagdmethoden als auch die Aufgaben der Jagdhunde. Mit den unpräzisen Feuerwaffen wurde das Wild häufig angeschweißt. Die Eigenschaften des Leithundes boten optimale Voraussetzungen für die Nachsuche. Im 18. und 19. Jahrhundert forcierte der Hannoversche Jägerhof die Nachsuche und entwickelte die Aufgaben des Leithundes weiter. Mit der sogenannten Jägerhofmethode schuf man dort eine Ausbildungsmethode, die sich bis heute erhalten hat.

Bei dieser, heute als Hirschmannschule bezeichneten Ausbildung, beobachtet der Hundeführer den genauen Verlauf der kalten Fährte eines gesunden Stück Hochwildes und führt nach einiger Zeit darauf seinen Schweißhund. Verlässt der Vierläufer diese Fährte, kann der Hundeführer sofort korrigieren.

In heutiger Zeit erlaubt der moderne Waldbau mit seinen mehrstufigen Beständen vielfach nicht mehr die klassische Einarbeitung nach der Jägerhofmethode. Aus diesem Grund wird entweder auf eine geführte »Fährtensau«, oder den Fährtenschuh bei der sogenannten Vorprüfung zurückgegriffen, die inzwischen als Schweißhundprüfung bezeichnet wird.

Nachdem 1866 der Hannoversche Jägerhof aufgelöst wurde, förderte die preußische Forstverwaltung das Schweißhundewesen. Erst am 17. Juni 1894 wurde der Verein Hirschmann gegründet. Bis heute ist es satzungsgemäße Aufgabe des Vereins, »die Rasse des Hannoverschen Schweißhundes als einmaliges und altes jagdliches Kulturgut der waidgerechten Jagd zu erhalten und durch den Einsatz leistungsfähiger Hunde dem Wildtier und dem Waidwerk zu dienen.«

Was ist hier passiert? Gemeinsame Anschusskontrolle.

O – Nach einigen hundert Metern arbeitet der Leithund einen Widergang.

U – Kurz danach beginnt die Hetze, und der Schweißhund stellt das Stück Kahlwild im Stangenholz.

In einem günstigen Augenblick hat der Mann hinter dem Hund den Fangschuss gesetzt.

Auf wenige Meter

Nachsuchen auf Schwarzwild stecken voller Risiken und Gefahren – für Hund und Jäger. Je schwerer das Stück und je leichter die Verwundung, desto brenzliger kann es werden. Viele Schweißhundeführer können ein Lied davon singen. Blaue Flecken und leichte Kratzer sind noch die harmlosen Andenken an solche Einsätze. Manch einer hat dabei nicht nur selbst schwere Blessuren davongetragen, sondern auch seinen treuen Vierläufer verloren.

Die Angaben der Schützen über Gewicht und Treffersitz sind nur ein Anhalt. Der Nachsuchenführer muss sich sein eigenes Bild am Anschuss machen. Deuten Pirschzeichen wie Röhrenknochensplitter auf einen Laufschuss hin, ist klar: Die Sau ist noch mobil, eine Hetze unvermeidlich. Äußerste Vorsicht ist geboten!

Hat sich der firme Schweißhund auf der Fährte festgesaugt, kann der erfahrene Rüdemann jede Geste seines Vierläufers deuten. Wie in einem Buch vermag er in jedem Blick und jeder Körperhaltung seines Hundes zu lesen. Hebt der schwarzwilderfahrene Vierläufer seinen Kopf von der Fährte und wird schneller, ist das ein Alarmsignal: Die Sau ist nicht mehr weit – der Hund will dran.

Stets das Umfeld im Blick, entgeht dem Nachsuchenführer nichts. Ein Knacken in der Dickung, und schon kann er die Lage einschätzen. Heimlich versucht sich die kranke Sau davonzustehlen. Der hirschrote Schweißhund wird unruhig. Im Nu ist er geschnallt. Die Hatz beginnt.

Immer weiter entfernt sich der giftige Hetzlaut, dem der Schweißhundeführer zielstrebig folgt. Vom scharfen Hund bedrängt, sucht die kranke Sau Zuflucht im Schwarzdorn. Der nahende Hundeführer vernimmt, wie der Hetzlaut in einen tiefen Standlaut umschlägt. Der Schwarzkittel hat sich dem Hund gestellt. Also rein ins Dornengewirr, um das Stück zu erlösen.

Kaum ist die Waffe von der Schulter und durchgeladen, ertönt ein Quieken. Kurz darauf rumpelt es gewaltig im Schlehdorn. Ein schwarzer Wildkörper hält auf den Jäger zu. Im selben Moment geht der in Anschlag, dreht sich zur Seite. Zum Nachdenken bleibt keine Zeit. Jeder Handgriff läuft routiniert ab. Reflexe beherrschen die Situation. Der Winkel zum Hund passt. Keine fünf Schritte mehr ist die annehmende Sau entfernt, als die Kugel sie fasst. In der Fährte bricht das Stück zusammen und rutscht knapp einen Meter am Schützen vorbei.

Durchatmen. Vor dem Rüdemann liegt ein Überläuferkeiler mit geschätzten 70 Kilogramm. Hätten die Reflexe versagt, wäre diese Geschichte sicher anders ausgegangen.

O – Das Stück Fließpapier zeigt Rot.

U – Das wird schwirig. Ein Stück Röhrenknochen verrät, dass die Sau am Lauf getroffen ist.

Hier entlang. Der Schweißhund verweist ein Tropfbett.

Das Stück ist mobil. Die Wundfährte führt steil den Hang hinauf.

Der Hund nimmt die Nase hoch. Weit kann die kranke Sau nicht mehr sein.

Kaum geschnallt, kracht es im Schwarzdorn und der Überläufer nimmt an.

Ein schneller Schuss beendet die gefährliche Attacke.

O – Getroffen rutscht die Sau am Gespannführer vorbei den Hang hinunter.

U – Der Schweißhund folgt dem verendeten Stück auf seiner letzten Fahrt.

Foto für's Album. Das war eine »spannende Kiste«.

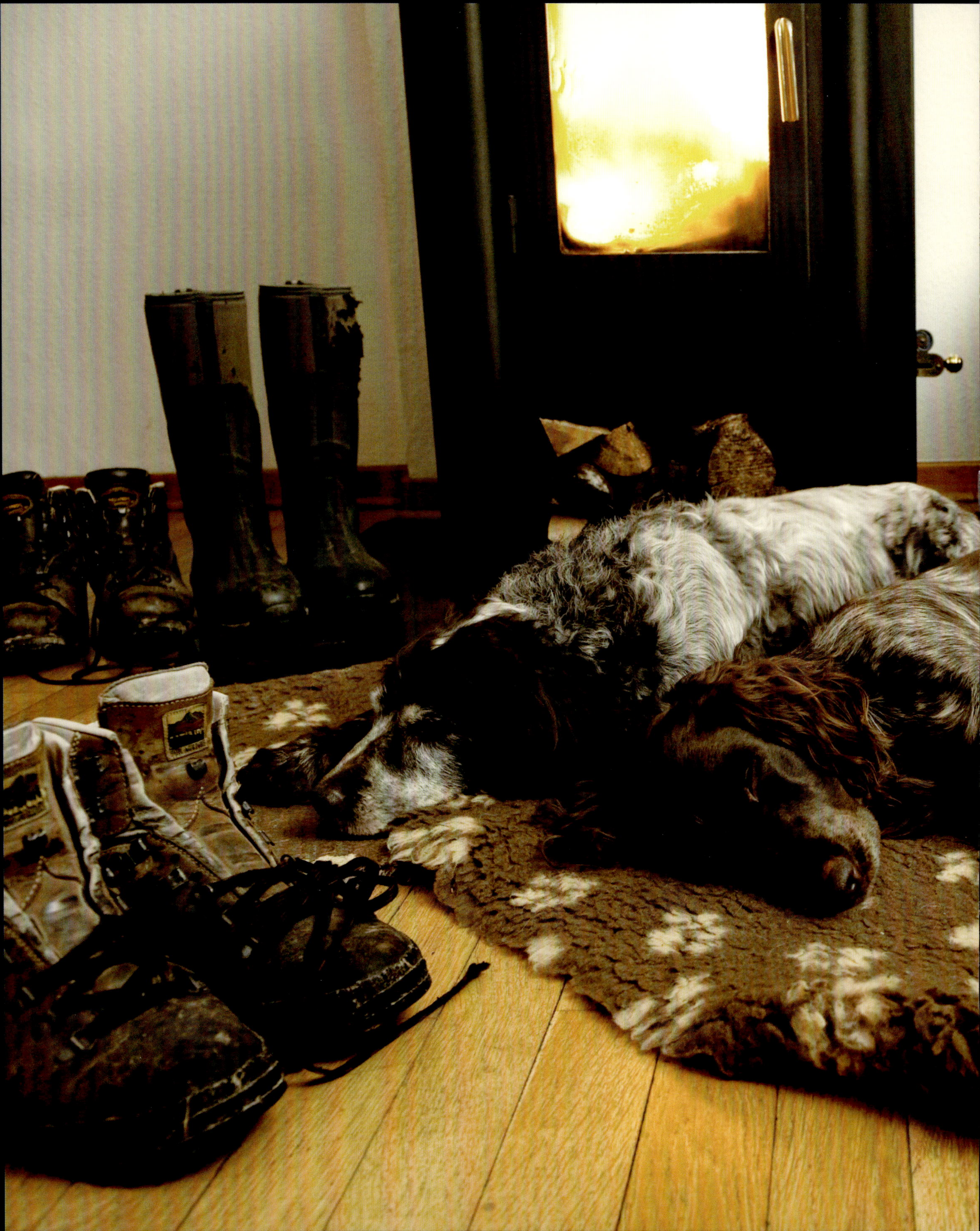

Abendfrieden im Jägerhaus

Impressum

Umschlaggestaltung von Populärgrafik, Stuttgart unter Verwendung einer Farbfotografie von Michael Stadtfeld

Mit 157 Farbfotografien

Trotz sorgfältiger Prüfung und Recherche sind alle Angaben in diesem Buch ohne Gewähr. Eine Garantie oder Haftung der Autoren, des KOSMOS-Verlags oder von ihm beauftragter Personen sind ausgeschlossen.

Unser gesamtes lieferbares Programm und viele weitere Informationen zu unseren Büchern, Spielen, Experimentierkästen, DVDs, Autoren und Aktivitäten finden Sie unter **kosmos.de**

FSC MIX Papier aus verantwortungsvollen Quellen FSC® C084279

Gedruckt auf chlorfrei gebleichtem Papier

© 2014 Franckh-Kosmos Verlags-GmbH & Co. KG, Stuttgart
Alle Rechte vorbehalten
ISBN 978-3-440-14357-5
Redaktion: Ekkehard Ophoven
Produktion: Populärgrafik, Stuttgart
Printed in Slovakia / Imprimé en Slovaquie